本书得到中国青年政治学院出版基金资助

中/青/文/库

人民币国际化

离岸市场与在岸市场的互动影响

修　晶◎著

图书在版编目(CIP)数据

人民币国际化：离岸市场与在岸市场的互动影响／修晶著．—北京：中国社会科学出版社，2016.6

ISBN 978－7－5161－8038－9

Ⅰ.①人…　Ⅱ.①修…　Ⅲ.①人民币—国际化—研究　Ⅳ.①F822

中国版本图书馆 CIP 数据核字(2016)第 084313 号

出 版 人　赵剑英
责任编辑　李炳青
责任校对　周　昊
责任印制　李寡寡

出　　版　中国社会科学出版社
社　　址　北京鼓楼西大街甲 158 号
邮　　编　100720
网　　址　http://www.csspw.cn
发 行 部　010－84083685
门 市 部　010－84029450
经　　销　新华书店及其他书店

印　　刷　北京金瀑印刷有限责任公司
装　　订　廊坊市广阳区广增装订厂
版　　次　2016 年 6 月第 1 版
印　　次　2016 年 6 月第 1 次印刷

开　　本　710×1000　1/16
印　　张　12.25
插　　页　2
字　　数　212 千字
定　　价　52.00 元

《中青文库》编辑说明

《中青文库》，是由中国青年政治学院着力打造的学术著作出版品牌。

中国青年政治学院的前身是1948年9月成立的中国共产主义青年团中央团校（简称“中央团校”）。为加速团干部队伍革命化、年轻化、知识化、专业化建设，提高青少年工作水平，为党培养更多的后备干部和思想政治工作专门人才，在党中央的关怀和支持下，1985年9月，国家批准成立中国青年政治学院，同时继续保留中央团校的校名，承担普通高等教育与共青团干部教育培训的双重职能。学校自成立以来，坚持“实事求是，朝气蓬勃”的优良传统和作风，秉持“质量立校、特色兴校”的办学理念，不断开拓创新，教育质量和办学水平不断提高，为国家经济、社会发展和共青团事业培养了大批高素质人才。目前，学校是由教育部和共青团中央共建的高等学校，也是共青团中央直属的唯一一所普通高等学校。学校还是教育部批准的国家大学生文化素质教育基地、全国高校创业教育实践基地，是中华全国青年联合会和国际劳工组织命名的大学生KAB创业教育基地，是民政部批准的首批社会工作人才培训基地。学校与中央编译局共建青年政治人才培养研究基地，与国家图书馆共建国家图书馆团中央分馆，与北京市共建社会工作人才发展研究院和青少年生命教育基地。2006年接受教育部本科教学工作水平评估，评估结论为“优秀”。2012年获批为首批卓越法律人才教育培养基地。学校已建立起包括本科教育、研究生教育、留学生教育、继续教育和团干部培训在内的多形式、多层次的教育格局。设有中国马克思主义学院、青少年工作系、社会工作学院、法学院、经济管理学院、新闻传播学院、公共管理系、中国语言文学系、外国语言文学系9个教学院系，文化基础部、外语教学研究中心、计算机教学与应用中心、体育教学中心4个教学中心（部），中央团校教育培训学院、继续教育学院、国际教育交流学院3个教育培训机构。

学校现有专业以人文社会科学为主，涵盖哲学、经济学、法学、文学、管理学、教育学6个学科门类，拥有哲学、马克思主义理论、法学、社会学、新闻传播学和应用经济学6个一级学科硕士授权点、1个二级学科授权点和3个类别的专业型硕士授权点。设有马克思主义哲学、马克思主义基本原理、外国哲学、思想政治教育、青年与国际政治、少年儿童与思想意识教育、刑法学、经济法学、诉讼法学、民商法学、国际法学、社会学、世界经济、金融学、数量经济学、新闻学、传播学、文化哲学、社会管理19个学术型硕士学位专业，法律（法学）、法律（非法学）、教育管理、学科教学（思政）、社会工作5个专业型硕士学位专业。设有思想政治教育、法学、社会工作、劳动与社会保障、社会学、经济学、财务管理、国际经济与贸易、新闻学、广播电视学、政治学与行政学、汉语言文学和英语13个学士学位专业，同时设有中国马克思主义研究中心、青少年研究院、共青团工作理论研究院、新农村发展研究院、中国志愿服务信息资料研究中心、青少年研究信息资料中心等科研机构。

在学校的跨越式发展中，科研工作一直作为体现学校质量和特色的重要内容而被予以高度重视。2002年，学校制定了教师学术著作出版基金资助条例，旨在鼓励教师的个性化研究与著述，更期之以兼具人文精神与思想智慧的精品的涌现。出版基金创设之初，有学术丛书和学术译丛两个系列，意在开掘本校资源与迻译域外精华。随着年轻教师的增加和学校科研支持力度的加大，2007年又增设了博士论文文库系列，用以鼓励新人，成就学术。三个系列共同构成了对教师学术研究成果的多层次支持体系。

十几年来，学校共资助教师出版学术著作百余部，内容涉及哲学、政治学、法学、社会学、经济学、文学艺术、历史学、管理学、新闻与传播等学科。学校资助出版的初具规模，激励了教师的科研热情，活跃了校内的学术气氛，也获得了很好的社会影响。在特色化办学愈益成为当下各高校发展之路的共识中，2010 年，校学术委员会将遴选出的一批学术著作，辑为《中青文库》，予以资助出版。《中青文库》第一批（15 本）、第二批（6 本）、第三批（6 本）、第四批（10 本）陆续出版后，有效展示了学校的科研水平和实力，在学术界和社会上产生了很好的反响。本辑作为第五批共推出 13 本著作，并希冀通过这项工作的陆续展开而更加突出学校特色，形成自身的学术风格与学术品牌。

在《中青文库》的编辑、审校过程中，中国社会科学出版社的编辑人员认真负责，用力颇勤，在此一并予以感谢！

目　录

导　言

基于中国经济实力的强大支撑，人民币已成为新兴市场经济体货币中最具国际化潜力的币种，2008 年国际金融危机以来，中国政府也有意识地推进了人民币国际化的进程。以人民币跨境贸易结算为标志的人民币跨境使用规模急速增大，海外人民币债券发行笔数和筹资金额不断增加，人民币 ODI、FDI 、RFQII 等人民币回流机制的建立标志着人民币国际化取得了长足进展。英镑、美元等国际货币发展的历史表明货币国际化不是一蹴而就的，一种货币的国际地位主要取决于以下几个最基本的决定因素：经济规模、对币值的信心、金融深化程度（Jeffrey Frankel，2011）。中国目前基本满足前两个条件，但是与后一个条件还相距甚远。金融市场的发育程度包括金融市场的广度、深度和弹性，中国目前金融市场发育程度不高，尤其是金融深化程度不高。更为重要的是，中国资本项目没有完全开放，人民币在资本项目下还不可以自由兑换，这些都限制了人民币成为国际储备货币。在这种前提条件下，发展人民币离岸市场成为人民币国际化的现实选择。中国是在条件不完全具备的情况下，采取了“资本管制 + 离岸市场”的模式推进人民币国际化，这是史无前例的。在人民币国际化的具体过程中，中国政府选择香港作为主要的人民币离岸市场进行人民币可兑换的试验，经过几年的建设，香港作为人民币离岸金融中心已经初具规模。2010 年 7 月，中国人民银行放松了对香港离岸人民币即期交易的限制，使得香港离岸人民币业务获得里程碑式的发展机会，香港人民币离岸市场（简称“CNH 市场”）得以形成。加上原来已经存在的在岸外汇市场（简称“CNY 市场”）以及离岸无本金交割远期外汇市场（简称“NDF 市场”），中国人民币实际上形成了三个相互区别而彼此又有联系的市场。在资本项目没有完全开放的条件下，离岸市场成为人民币走向国际的通道，在岸和离岸市场之间的反馈机制逐渐形成。那么，人民币不同市场之间的利率和汇率之间的交互影响怎样呢？这不但需要定性判断，更需要定量分析。因此，探讨人民币离岸市场汇率、利率的信息溢出对在岸市场影响等问题，对我国进一步推进人民币汇率形成机制改革，实现人民币国际化具有重要的理论意义和现实价值。

一 选题的目的与意义

作为世界第二大经济体的货币，人民币需要拥有与之经济地位相匹配的国际地位。2007—2008 年发端于美国的“次贷危机”，逐步恶化为全球性金融风暴，此次自大萧条以来史上最为严重的金融危机引发了国际社会对美元为主导的国际货币体系的质疑和拷问。人们普遍意识到改变以美元为主导的国际货币体系的重要性，包括中国在内的新兴市场经济体在 2009 年 G20 伦敦金融峰会以及其他一系列国际会议上，要求结束美元独占国际储备货币主导地位，实施国际储备货币多元化的改革倡议，国际金融危机或成为结束美元霸主地位的分水岭。全球金融危机的爆发以及此后美、日等采取的量化宽松货币政策，使中国政府意识到推进人民币国际化的必要性、紧迫性及其潜在利益。由于资本项目未完全开放和人民币尚未实现资本项下可自由兑换，开辟人民币离岸市场成为推进人民币国际化的重要战略步骤，而香港作为人民币离岸金融中心有其天然优势。从 2009 年起中国实施跨境贸易人民币结算试点开始，中国政府与香港金融管理局紧密合作，相继出台了一系列政策措施，积极推进香港人民币离岸市场（The offshore CNY market in Hong Kong，简称“CNH 市场”）的建设，此后人民币离岸市场发展进程比较迅速。

人民币国际化自提出之日起，一直备受社会各界关注。然而人民币国际化不是一帆风顺的，其进程出现了一些出乎意料的现象。尤其是欧洲债务危机恶化以来，香港市场人民币存款增速停滞，套利套汇现象严重，人民币国际化甚至显现一些负面效果（余永定，2011）。目前，人民币国际化的大方向已经达成共识，但是这个过程政策如何推进、可能面临哪些问题以及出现什么状况需要有明确的判断，尤其是离岸市场与在岸市场（简称“CNY 市场”）的汇率和利率之间有什么联系和相互影响等问题值得深入探讨和研究。中国“十二五”规划纲要和党的十八大书稿都明确提出要“稳步推进利率和汇率市场化改革，逐步实现人民币资本项目可兑换”。中国人民银行行长周小川在十二届全国人大一次会议“货币政策与金融改革”记者会上也表示，今后要推动逐步实现人民币资本项目可兑换。人民币资本项目下可自由兑换有助于人民币成为国际储备货币，进一步提升人民币的国际地位。离岸人民币市场的建立在某种程度上与资本项目开放是一致的，因此，研究人民币离岸市场与在岸市场价格之间的相互联系，有利于我们进一步认识人民币国际化和资本项目开放的速度、方向以及对宏观经济的影响。随着离岸市场与在岸市场的联系不断增强，在岸市场和离岸市场之间的反馈机制（feedback channels）开始逐渐形成，资本自由流动程度加强会增加离岸市场与在岸市场利率汇率的相关程度，因此，有必要从实证角度研究离岸与在岸市场价格之间的交互关系。如果实证研究的结果显示离岸市场与在岸市场金融联系逐渐加强，那就意味着我国金融市场与世界市场的融合程度进一步提高，中国货币当局制定政策时就要考虑到这些变化以及可能引起的反应。本书就是在这样的背景下，运用定量的方法创新性地研究上述三个市场之间的相互关系，从利率与汇率之间的关系进一步探讨中国金融市场与世界金融市场融合的程度。

本书的研究意义主要在于采用 Engle（2002）提出的 DCC-GARCH 模型，并应用该动态条件相关方法（DCC）捕捉人民币在岸市场与离岸市场利率和汇率之间的时变相关系数，从而能够细致地考察市场间联动性的动态变化情况。在此基础上，本书将视角转入对我国金融市场与国际金融市场融合程度的研究上，从利率平价理论的视角深入剖析离岸金融市场的建立进程对市场关联度的动态影响，不仅是对人民币国际化研究的进一步拓展和延伸，而且有助于我们更加深入理解离岸人民币市场发展和人民币国际化的经济效应。

二　拟采用的研究方法

笔者采用现代计量经济学的研究方法，从实证角度全面剖析人民币离岸市场与在岸市场汇率及利率的相互联系。笔者首先进行文献综述，在此基础上寻找适合本书研究的实证方法。其次，运用 DCC-MGARCH

模型捕捉人民币离岸市场与在岸市场以及无本金交割远期外汇市场（NDF）的汇率波动率之间的动态相关系数。再次，从利率平价理论出发，探讨不同市场利率差变动和汇率升贴水率变动之间的动态相关关系，以此评估中国金融市场与国际市场之间的时变金融融合程度。最后，根据实证研究的主要发现，提出一系列有利于离岸金融市场和人民币国际化良性发展的政策建议。

三　书稿的结构安排

第一章介绍人民币国际化的制度安排和香港人民币离岸市场发展，主要从香港人民币离岸市场与内地在岸市场相互影响的视角出发，整理并分析人民币国际化过程中的新变化，对人民币跨境贸易结算进口比重偏高、人民币升值预期及预期逆转对人民币国际化的影响以及离岸与在岸之间套利套汇等现象进行剖析并进行一定程度的反思，并提出促进人民币国际化良性发展的建议。

第二章整理并综述不同市场之间汇率价格的相互联系方面的研究成果，将国内外研究成果区分为长期均衡关系以及波动溢出效应两大主要类别。

第三章主要研究人民币国际化进程中离岸市场与在岸市场汇率波动性的同步运动以及波动溢出效应（volatility co-movements and spillover from different financialmarkets），通过 DCC-MGARCH 模型研究 CNY、CNH、NDF 三个市场汇率之间的动态相关关系，不仅考虑了三个市场汇率波动性的条件异方差性，还考虑了该波动性的相关性。通过计算三个市场的方差方程，得到衡量不同市场波动溢出效应的时变相关系数。

第四章在前面研究的基础上，从利率平价理论角度检验中国金融市场与国际金融市场融合的程度。研究主要依据抛补利率平价条件，进一步通过 DCC-MGARCH 的方法研究利率和汇率波动率及交互影响，从利率差变动和汇率升贴水率变动之间的动态相关系数考察我国与世界金融市场的融合程度。

第五章为中国（上海）自由贸易试验区金融改革助推人民币国际化，上海自贸区的建设紧密联系了人民币离岸市场与在岸市场，为人民币国际化提供了新的机遇和空间。笔者整理上海自贸区一年多来的金融改革措施，探讨上海自贸区促进人民币国际化的机制，进一步通过对自贸区内注册企业的调查来看企业对金融改革措施的反馈，从上海自贸区的特殊制度安排来探讨人民币离岸市场和在岸市场的良性互动。最后，笔者针对人民币国际化过程中出现的一些现象和问题，提出加强人民币离岸市场建设以及促进人民币国际化的建议。

四 书稿的主要结论

第一，笔者主要检验了人民币在岸市场与香港人民币离岸市场以及人民币无本金交割远期外汇市场之间汇率波动性的动态相关关系。根据人民币离岸市场发展的标志性事件将样本期间分为四段，利用 DCC-MGARCH 模型研究三个市场日汇率数据之间的动态相关关系，研究结果发现三个市场相关程度不断增强，信息传递较快；2009 年 7 月 1 日前人民币在岸市场与离岸市场汇率波动率的相关系数较低且规律性不强；2009 年 7 月 2 日—2010 年 7 月 19 日，受国际金融危机的影响，人民币汇率稳定不再升值，相关系数接近于 0；2010 年 7 月 20 日—2011 年 6 月 27 日汇率波动性的相关性逐渐增强，表明人民币国际化的影响逐渐增强。2011 年 6 月 28 日—2012 年 12 月 24 日间波动性显著增强，相关系数均值超过 0.4，这说明人民币不同市场之间的信息溢出程度加强，境内外市场融合程度不断提高。

第二，笔者根据抛补利率平价，分别检验了在岸市场人民币对美元的即期汇率与可交割远期汇率（Deliverable Forward，简称 DF）的升贴水率变动与利率差变动之间的动态相关关系、离岸市场人民币对美元的即期汇率定盘价与无本金交割远期汇率的升贴水率变动与利率差变动之间的动态相关关系。通过格兰杰因果检验，发现在岸市场的汇率升贴水率与利率差之间存在着格兰杰原因，进而建立 VAR 模型，分离出标准化残差，进一步通过 DCC-MGARCH 模型捕捉汇率升贴水率变动与利率差变动之间的动态相关系数，可以看到离岸市场与在岸市场的汇率升贴水率变动与利率差变动之间存在一定程度的相关性，并且离岸市场的动态相关系数比在岸市场的要大，也印证了离岸市场的管制相对较少。笔者进一步计算抛补利率平价的偏离，然后分别用不同市场的利率差和远期汇率升贴水率计算各个市场的偏离程度，进一步运用 DCC-MGARCH

模型捕捉三种偏离之间的动态相关性，从最后的实证结果可以看出中国的金融市场与世界金融市场已经存在显著的融合趋势。

五　可能存在的创新之处及不足

笔者在人民币国际化的大背景下，选择人民币离岸市场与在岸市场汇率及利率的相互联系为研究对象，深入探讨离岸市场与在岸市场价格之间的交互影响，从这一角度出发分析中国金融市场与世界市场的融合程度，类似的研究在国内还不多见，如果能较好地完成这一研究任务，可以对该领域的研究作出相应的贡献。书稿可能存在的创新之处有以下几点：

第一，笔者从离岸市场与在岸市场价格交互影响的角度，进一步研究人民币国际化过程中我国金融市场与世界市场的融合程度，选题的视角独特，从这一角度研究可以丰富和拓展国内对人民币国际化及其影响的研究。

第二，笔者运用 DCC-MGARCH 模型，来分析人民币不同市场的汇率及利率动态相关关系，主要从波动溢出效应角度考虑汇率与利率变动的相关性。

第三，通过抛补利率平价条件来检验国际金融市场的融合程度。这种条件的重要性在于我们可以通过度量资本流动性程度来研究市场融合程度。如果市场融合程度更高，人们会预期资本跨境流动会变得更加自由，他们更容易向回报更高的地方流动。其结果是世界要求统一利率水平。

书稿的不足之处在于没能进一步详细讨论离岸市场与在岸市场价格之间相互影响的机制，这种影响对中央银行货币政策以及对人民币国际化会带来哪些挑战等问题有待进一步深入探讨。书稿的研究仅局限于市场之间表现出何种信息流动关系特征，而对于此特征背后的具体的信息流动机制还未作深入的研究；此外，笔者的研究更侧重于完美市场假设，没有根据中国现实约束条件进行细致的讨论或者改进，这些都将是笔者进一步的研究方向。另外，由于数据的可获得性以及横向可比性，书稿对利率差与汇率升贴水率的研究样本区间选择从 2010 年 3 月 18 日开始到 2013 年 4 月 10 日，而对于 2010 年之前的情况以及呈现出何种特征没有找到合适的替代变量度量，对于未来的发展也没有作出更深入的预测，这些也是本书有待于进一步拓展的研究主题，将是笔者进一步努力的方向。

第一章　人民币国际化进程与离岸人民币市场的发展

1997—1998 年爆发的亚洲金融危机，使人们意识到在发展中国家存在着“货币原罪”，体现为三种错配：即货币错配、期限错配和结构错配。由于这种错配极易因美元的变动而引发危机，2008 年国际金融危机高潮时出现的“美元荒”也再次凸显了国际贸易和投资体系对美元过度依赖的系统性风险，尤其是流动性风险（曹远征，2013）。就中国而言，快速增长的经济总量以及国际贸易的持续扩大，为人民币跨境使用提供了经济基础。国际金融危机暴露出来过度依赖美元存在的风险问题以及中国经济发展的客观需要，促使中国政府有意识地加速了人民币国际化的进程。以人民币跨境贸易结算为标志的人民币跨境使用规模急速增大，海外人民币债券发行笔数和筹资金额不断增加，人民币 ODI、FDI 、RFQII 等人民币回流机制的建立，香港、伦敦等离岸人民币市场的发育标志着人民币国际化取得了长足进展。然而，人民币国际化进程中也发生了一些意料之外或令人困惑的变化，2011 年下半年香港离岸市场人民币存款开始下降，甚至出现了人民币贬值的情况，人民币国际化进程受到阻滞。对于人民币国际化过程中出现的这些新变化，理论界和实务界都高度关注。本章主要回顾和整理人民币国际化过程中的重大事件以及在这一过程中出现的问题，进一步研究如何健康有序地推进人民币国际化，为中国经济发展提供良好的动力支撑。

第一节　人民币国际化的制度安排

人民币国际化是中国改革开放和经济发展的必然结果，无法想象一个全球第二大经济体和第一大出口国需要使用别国货币作为主要的贸易结算货币。因此，中国政府在 2009 年 7 月开始启动跨境人民币结算试点，并不断扩大人民币贸易结算的范围，是一个自然而然的选择（宋敏等，2011）。20 世纪 80 年代以来的一系列改革和实践也为人民币国际化积累了经验并创造条件，比如人民币汇率制度改革、经常项目可自由兑换、边境贸易发展以及周边国家接受人民币结算的自发过程、亚洲金融危机期间中国负责任大国的举措提高了人民币的声誉，等等。2008 年全球金融危机爆发以来，以美元为主导的国际货币体系的弊端充分暴露，美元在全球流动性的骤减无法为亚洲国家提供贸易融资，此时人民币作为计价和结算货币成为现实的需求。此外，欧美债务问题的恶化也为人民币国际化带来了另外一个推力，很多国家需要找到另一种替代货币以避免美元、欧元贬值带来的外汇储备资产减值的风险。

一　人民币国际化起源于贸易结算

目前，中国大陆已成为世界第二大经济体、第一大出口国和第二大进口国，中国在世界经济中的地位也使人民币具有了国际使用的经济基础。全球性金融危机以来，中国的对外贸易受到了严重的冲击，而美元、欧元等主要结算货币的汇率波动也比较大，因此国内企业，也包括周边国家和地区的企业都有用人民币作为结算货币的呼声。另一方面，中国从 1996 年以来人民币实现了经常项目的可兑换，香港和澳门个人人民币业务也已经开展了几年，中国的边境贸易中用人民币结算也有了一定的经验。可以说人民币跨境贸易结算是有其内在基础和需求的。

国际贸易以本币结算可以规避汇率风险，避免因汇兑而产生的财务成本，本币结算还方便客户办理各种贸易融资，不会给企业增加额外财务负担，对非本币贸易融资的依赖将会减少。在全球化背景下，新兴市场经济体和发展中国家都有强烈的愿望扩大经济贸易合作，促进本地区经济稳定和增长，而加强区域货币合作，可以降低结算风险，推动区域经济金融一体化。2009 年，中国大陆与东盟进一步强化了金融基础设施的建设，落实亚洲金融合作机制，清迈协议、上海合作组织和金砖国家也提出本币化进程，并强调加强金融货币合作。依此，根据相互的贸易和投资、市场开放情况，逐步增加区域内的主权货币作为外汇储备，缓解货币错配问题（曹远征，2013）。为应对金融危机，并满足亚洲经济发展的需要，2008

年11月中国政府决定在珠江三角洲、长江三角洲及广西、云南开展针对东盟10国和港澳地区的人民币跨境贸易结算业务。

2009年7月2日，《人民币跨境结算实施细则》公布，人民币跨境贸易结算正式展开，首先涉及5个城市365家企业的货物贸易。到了2011年，中国内地所有的省份和企业都可使用人民币进行跨境货物和服务贸易结算。自2012年开始，逐步开放资本项目的本币管制，鼓励境内外企业使用人民币进行境内外投资。现在，人民币跨境业务已经完全覆盖了经常项下的所有业务内容，并且也覆盖了资本与金融项下的多个类别（徐奇渊、何帆，2012）。所谓跨境贸易人民币结算，是指经国家允许指定的、有条件的企业在自愿的基础上以人民币进行跨境贸易的结算，商业银行在人民银行规定的政策范围内，可直接为企业提供跨境贸易人民币相关结算服务，其业务种类包括进出口信用证、托收、汇款等多种结算方式。几年来，跨境贸易人民币结算取得了巨大的进步，2011年用于跨境货物贸易的人民币结算金额占同期海关货物进出口总额的6.6%，2015年第一季度升至27%。2014年6月11日中国人民银行出台11条指导意见，要求中国各银行业金融机构和支付机构进一步拓宽企业融资渠道等，以支持中国外贸稳定增长，其中首次明确提出，银行业金融机构可为个人开展的货物贸易、服务贸易跨境人民币业务提供结算服务。①

图1.1和图1.2显示了跨境贸易人民币结算金额的增长与结构分布情况，可以看出人民币结算取得了相当大的成就。根据《中国证券报》2015年5月16日的报道，今年第一季度跨境人民币结算金额达1.943万亿元，同比增长5%。其中人民币跨境贸易结算1.655万亿元，占跨境人民币结算总额的85%，同时占中国全球贸易结算总额的27%；人民币直接投资（外商直接投资和对外直接投资）结算2880亿元，同比大幅度攀升49%，在跨境人民币结算总额中的份额由2014年的13.78%跃升至15%。人民币跨境贸易结算金额占中国全球贸易结算总额的比例达到27%。随着中国进一步打开国内资本市场，逐步放松资本账户管制，人民币直接投资结算量将继续强劲增长，预计年底占跨境

① 此前，个人跨境贸易人民币结算仅以“试点”形式存在。2012年12月以来，浙江义乌、广西东兴重点开发开放试验区等先后成为中国个人跨境贸易人民币结算区域。此外，中国国务院还赋予江苏昆山深化两岸产业合作试验区个人跨境人民币业务试点，涵盖个人经常项下与个人对外直接投资，上海自贸区也获得专门“通行证”，允许个人办理经常项下跨境人民币结算。

人民币结算总额的比例将接近20%。

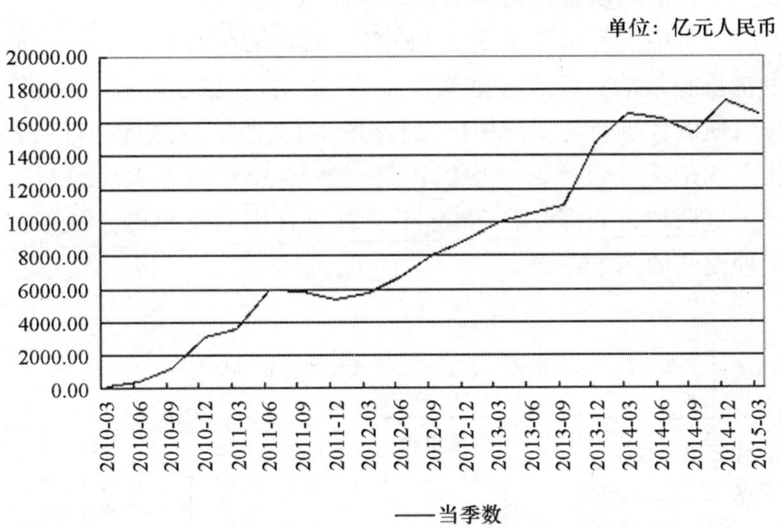

图1.1　跨境贸易人民币结算业务发展情况

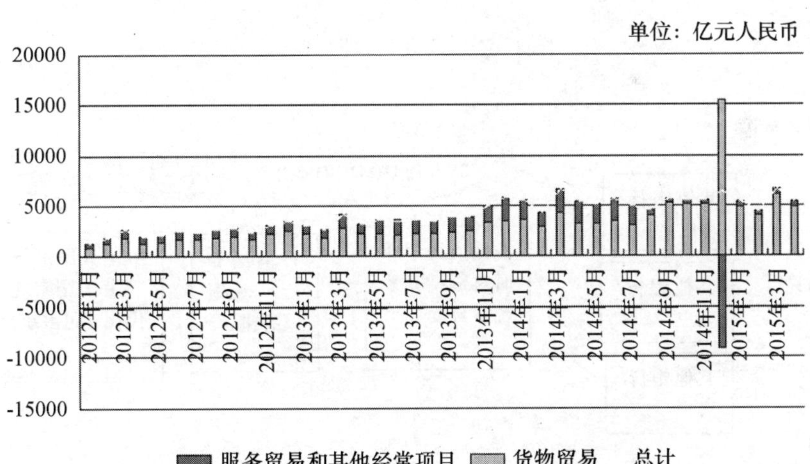

图1.2　跨境贸易人民币结算的金额结构（当月值）

数据来源：wind资讯。

二 人民币跨境贸易结算的模式及区域分布

人民币跨境贸易结算分为两种模式，即内地代理行模式（上海方式）和港澳直接清算模式（港澳方式），所谓内地代理行模式是境外银行通过内地的代理行与上海中国银行分行和交通银行总行进行结算。所谓港澳方式是境外银行通过中国银行（香港）和内地人民银行进行直接清算，这两种方式都是在2009年7月2日同时推出的，从下图可以看出两种模式的基本差异。

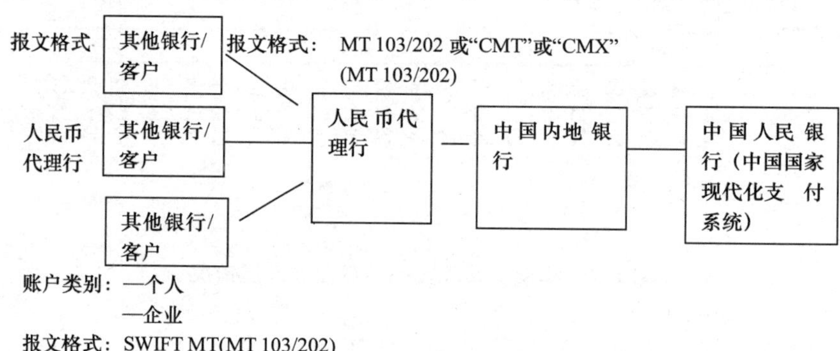

图1.3 人民币代理行模式

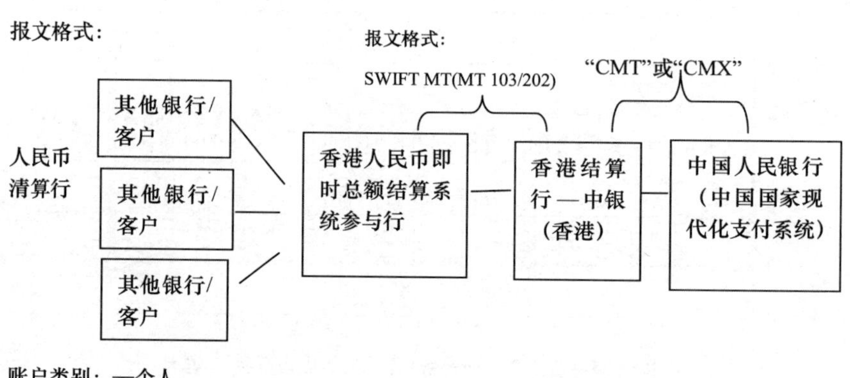

图1.4 人民币清算行模式

资料来源：转引自曹远征《人民币国际化、上海自贸区与上海国际金融中心建设》，中国国际金融学会学术峰会暨2013年《国际金融研究》论坛（秋季）演讲，2013年11月1日。

上海方式和港澳方式的跨境贸易人民币结算均有进展，但港澳方式始终处于主导地位。图 1.5 展示了跨境贸易人民币结算金额的地域分布，中国香港占绝对主导地位，但不容忽视的是，其他海外地区（如类似于香港的新加坡、中国台湾等）在逐年增加，大概五倍于上海方式，并由此也造成人民币国际支付地域分布上的差异，中国大陆（在岸市场）处于下降态势，而香港和其他地区（离岸市场）处于上升态势。根据国际银行间协作组织环球银行金融电讯协会（SWIFT）公布的追踪数据显示，截至 2014 年 12 月，人民币占全球支付货币市场的份额上升至 2.17%，创历史新高，仅次于日元的 2.69%，较 2013 年 1 月份的 0.63% 呈现快速增长，当时人民币在全球常用支付货币当中排名第 13 位，人民币已经成为继美元、欧元、英镑和日元之后的全球第五大常用货币，超越了加拿大元和澳元的地位。

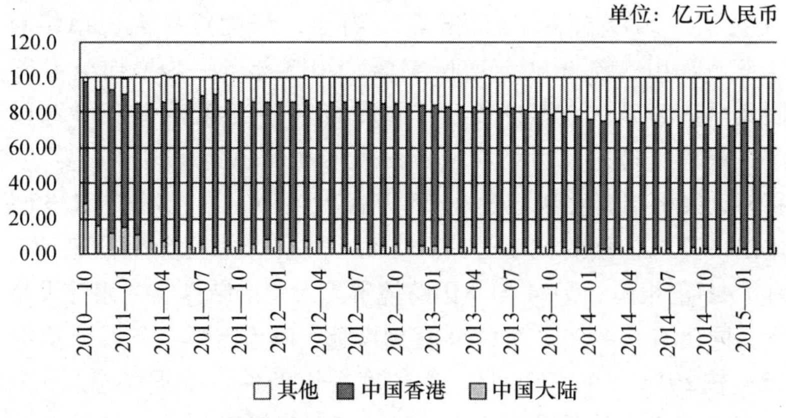

图 1.5　跨境贸易人民币结算金额的地区分布

数据来源：wind 资讯。

三　人民币国际化的制度安排

从跨境贸易人民币结算试点开始，六年来人民币国际化进程的加速得益于一系列的制度安排，归纳起来有以下几项：

第一，从人民币跨境贸易结算试点到跨境贸易结算的全面铺开。2008 年 12 月 25 日，国务院决定将对珠三角和长三角等地区货物贸易进行人民币结算试点，并与包括蒙古、越南、缅甸等在内的周边国家签订了自主选择双边货币结算协议。2009 年 7 月 1 日，中国人民银行、财政部、商务部、海关总署、税务总局和银监会六部门共同制定了《跨境贸易人民币结算试点管理办法》，我国跨境贸易人民币结算试点正式启动。2010 年 6 月 22 日，六部门发布《关于扩大跨境贸易人民币结算试点有关问题的通知》，跨境贸易人民币结算试点地区范围扩大至沿海到内地 20 个省区市，境外结算地扩至所有国家和地区。2011 年 8 月 23 日，中国人民银行明确表示，河北、山西等 11 个省的企业可以开展跨境贸易人民币结算。至此，跨境贸易人民币结算境内地域范围扩大至全国。2012 年 2 月 3 日，六部门联合发布《关于出口货物贸易人民币结算企业管理有关问题的通知》，明确了所有具有进出口经营资格的企业均可开展出口货物贸易人民币结算业务，经常项目跨境人民币业务全面放开。现在中国境内任何企业与全球任何企业进行贸易时，理论上均可采用人民币计价和结算。在这一系列政策的推动下，跨境贸易人民币结算迅速发展。2012 年取消“试点”当年，跨境贸易人民币结算额达 2.94 万亿人民币，较 2011 年增长 41%，2013 年进一步增加至 4.63 万亿元，同比增长 57%。上海自贸区成立后的 2013 年第四季度和 2014 年第一季度，跨境贸易人民币结算业务的发展尤其迅速，2014 年第一季度，跨境贸易人民币结算金额已达 1.65 万亿人民币，同比增长 64.36%，占同期进出口贸易总额的比率达 27.95%。根据《中国金融信息网》2015 年 1 月 15 日的报道，2014 年全国跨境贸易人民币结算业务累计发生 6.55 万亿元，同比增长 41%。2014 年直接投资人民币结算业务累计发生 1.05 万亿元，较 2013 年的 5337 亿元大幅度增长 97%。根据德意志银行大中华区发布的离岸人民币市场观察显示，2015 年第一季度跨境人民币结算金额达 1.943 万亿元，同比增长 5%。其中，人民币跨境贸易结算 1.655 万亿元，占跨境人民币结算总额的 85%，同时占中国全球贸易结算总额的 27%。

第二，鼓励发行人民币债券等一系列人民币计值的金融产品，提高人民币的价值贮藏手段的职能。2007 年 6 月 27 日，国家开发银行在香港发行人民币债券，债券发售对象为机构和个人投资者，这是境内金融机构在香港特别行政区发行的第一只人民币债券，为在港人民币资金创造更多用途迈出第一步。此后，包括金融机构和非金融机构尤其是声誉较好的大企业或上市公司都在香港成功发行人民币债券。值得一提的是，2009 年 9 月 28 日中国财政部的国债首次在内地以外地区发行，也是首次在内地以外发行人民币计价的主权债券，丰富了香港债券市场的品种，有助于香港人民币离岸业务发展。2012 年 4 月 18 日，汇丰银行在伦敦发行第一只人民币债券，主要针对英国及欧洲大陆国家的投资者，总规模为 10 亿元人民币，伦敦人民币业务中心计划正式启动。2011 年 4 月 29 日首只人民币计价股票汇贤产业信托在香港挂牌交易，人民币计值的股票产品开始出现。2012 年 9 月 17 日，全球首只可交收人民币期货在港交所旗下衍生产品市场开始交易。2012 年 10 月 29 日，合和公路基建有限公司首创发行的全球第一只以人民币和港元计价及买卖的“双币双股”股票，在港交所正式挂牌上市，作为一种离岸人民币金融创新的产品，该公司发行的两种股份，一种以港币标价，另一种以人民币标价的股票，可以提供每日五次的双币转股交收，交易者可以从中套取双股之间的差价收益。允许这种套利行为实际上有助于缩小两者间的价差，由此可见香港与内地经济一体化是大势所趋。2013 年 2 月 28 日，世界银行集团成员 IFC 在香港宣布发行其全球贴现票据项目下的首只人民币计价贴现票据，价值约为 5000 万美元，以在香港交付的人民币（也称 CNH）计价。这一创新型金融产品将支持人民币国际化进程，并开创同类业务先河，不仅有助于增加离岸人民币市场上贴现票据的发行量，也有助于本地区私营企业获得更多短期本币融资。目前，在香港人民币债券市场上，发行主体既包括境内金融机构，也包括境内非金融机构、港资企业、跨国企业、国际金融机构和国际组织等。

第三，通过各种渠道，建立离岸人民币回流机制。2005 年 12 月中国人民银行发布《扩大内地与香港人民币业务补充规定》，将个人兑换业务由每人每次不超过等值 6000 元人民币提高到不超过 20000 元，这一定程度地解决了人民币回流问题，推动了人民币离岸业务在香港的发展，但数量太少。2010 年 8 月，中国人民银行发布了《中国人民银行关于境外人民币清算行等三类机构运用人民币投资银行间债券市场试点有关事宜的通知》，允许离岸人民币进入内地债券市场，为离岸人民币回流打开大门。2011 年 10 月 12 日，商务部印发《关于跨境人民币直接投资有关问题的通知》，允许境外投资者用合法获得的境外人民币依法在中国境内开展直接投资活动，并规定跨境人民币直投在中国境内不得直接或间接用于投资有价证券和金融衍生品以及用于委托贷款。同日，中国人民银行发布《外商直接投资人民币结算业务管理办法》，明确规定境外企业和经济组织或个人可以以人民币来华进行直接投资。两份文件的发布意味着跨境人民币直接投资（FDI）得以正式推出，人民币资本项目开放也将由此迈出重要一步。2011 年 12 月 16 日，中国证监会、中国人民银行、国家外汇管理局联合发布了《基金管理公司、证券公司人民币合格境外机构投资者境内证券投资试点办法》（即 RQFII），允许符合一定资格条件的基金管理公司、证券公司的香港子公司作为试点机构，运用其在港募集的人民币资金在经批准的人民币投资额度内开展境内证券投资业务，首批投资额度为 200 亿元人民币。2015 年 5 月 25 日，中国人民银行宣布与智利中央银行签署了规模为 220 亿元人民币/22000 亿智利比索的双边本币互换协议。互换协议有效期三年，经双方同意可以展期。同日，双方签署了在智利建立人民币清算安排的合作备忘录，并同意将人民币合格境外机构投资者（RQFII）试点地区扩大到智利，投资额度为 500 亿元人民币。至此，目前获准的 RQFII 试点地区已达 12 个，投资额度达到 9700 亿元。RQFII 扩大了人民币回流渠道，提高了境外人民币的吸引力。

第四，鼓励人民币对外投资，增加离岸市场存量。在实施“走出去”的大战略背景下，使用人民币与促进对外贸易战略相结合，有助于降低汇率风险，提高资金的周转和使用效率，并且使用人民币手续更为便利，与使用外汇相比，减少了以往多次的购汇、售汇环节，节约了企业时间成本。2011 年 1 月 6 日，中国人民银行发布了《境外直接投资人民币结算试点管理办法》，规定跨境贸易人民币结算试点地区的银行和企业可以开展境外直接投资人民币结算试点，人民币的海外直接投资（ODI）为中国打通了一条向境外输出人民币的重要渠道。为进一步深化资本项目外汇管理改革，促进和便利企业跨境投资资金运作，规范直接投资外汇管理业务，提升管理效率，2015 年 2 月底，国家外汇管理局在总结前期部分地区试点经验的基础上，在全国范围内进一步简化和改进直接投资外汇管理政策，取消境内直接投资项下外汇登记核准和境外直接投资项下外汇登记核准两项行政审批事项，这将为跨境人民币直接投资提供更加便利的条件。国家外汇管理局 2015 年 2 月 15 日发布的《2014 年中国跨境资金流动监测报告》指出，人民币形式的对外直接投资流出入趋于活跃。2014 年，非银行部门对外直接投资中，人民币流出190亿美元，较上年增长1.3倍，流出额在所有币种中的占比由上年的14%上升至22%。其中，人民币关联公司贷款流出较上年增长1.9倍，其币种在对外直接投资下关联公司贷款流出中的比重由上年的20%上升至31%。人民币对外直接投资流入124亿美元，增长1.3倍，币种占比由上年的17%上升至28%。全年人民币对外直接投资净流出66亿美元，增长1.4倍，占整个对外直接投资净流出的16%，占比较2013年上升了6个百分点。德意志银行大中华区发布的新一期离岸人民币市场观察显示，人民币直接投资（外商直接投资和对外直接投资）结算2880亿元，较去年同期大幅度攀升49%，在跨境人民币结算总额中的份额由2014年的13.78%跃升至15%。2015年5月底，在国务院明确批复将择机推出合格境内个人投资者（QDII2）后，相关部门准备工作已经接近尾声。据悉，合格境内个人投资者境外投资试点管理办法将很快发布，首批试点QDII2的城市共有六个，分别为上海、天津、重庆、武汉、深圳和温州。居住在试点城市年满18岁的境内个人，只要个人金融净资产最近三个月日均余额不低于100万元人民币，通过境外投资和风险能力测试、无重大不良记录且没有经司法裁决未偿还债务者，可以申请QDII2。QDII2的推出可以满足境内居民全球化资产配置的需求，还能缓解外汇储备增长对管理效率带来的压力，有利于加快人民币国际化步伐。①

第五，除了通过市场推行人民币国际化之外，中国通过货币互换这种政府间特定安排促进人民币国际化。本次国际金融危机以来，中国政府与其他国家和地区的中央银行或货币当局签署一系列货币互换协议，在为境外提供人民币流动性的同时更直接促进了人民币作为国际储备货币的使用。自2008年12月以来，中国央行已经跟澳大利亚、阿尔巴尼亚、阿根廷、中国香港、白俄罗斯、巴西、印度尼西亚、欧洲央行、匈牙利、马来西亚、哈萨克斯坦、蒙古国、冰岛、新西兰、巴基斯坦、新加坡、土耳其、韩国、阿联酋、泰国、乌克兰、英国、乌兹别克斯坦、斯里兰卡、瑞士、俄罗斯、卡塔尔、加拿大共28个国家和地区的央行签署了总额近3万亿元人民币的货币互换协议。截至2014年底，中国与其他国家和地区

① 信息来自《QDII2最快上半年启动首批六城市试点门槛100万人民币》，http://www.cfi.net.cn/p20150530000160.html。

在有效期之内的本币互换协议规模高达3万亿人民币。

此外，中国政府还通过各种政策推动，建立和培育多层次、有梯度、有分工、有侧重的人民币离岸金融中心。除了将香港打造成为人民币离岸中心以外，中国还尝试与新加坡、伦敦、台湾等多地进行合作，人民币离岸业务得到更为广泛的发展。根据SWIFT的统计，2014年1月，人民币离岸中心按支付额规模的顺序排序，中国香港、伦敦、新加坡①与中国台北成为全球四个最重要的人民币离岸金融中心，具体顺序是：中国香港（73%）、英国伦敦（25.7%）、新加坡（25.2%）、中国台湾（9%）、美国（7.3%）、法国（6.7%）、澳大利亚（5.0%）、卢森堡（3.0%）、中国内地（3.0%）和德国（2.9%）（张明，2015）。

四　人民币国际化与资本账户逐渐开放

全球金融危机爆发后，中国政府一度似乎在构建"三位一体"的国际金融新战略：在全球层面，中国人民银行行长周小川呼吁要通过创建超主权储备货币来取代美元的储备货币地位；在区域层面，中国政府积极参加清迈倡议多边化机制的谈判与创建；在国别层面，中国政府开始推动人民币跨境贸易结算与离岸人民币金融市场建设（张明，2015）。

实现人民币国际化需要创造或具备一些前提条件：比如国内需要有发达的开放的具有包容性的金融市场、资本项目可兑换②、允许外国投资者参与国内市场，国际上要建立发达的离岸金融中心，等等。而人民币发展到大规模跨境使用时，必然会要求资本项目可兑换（周小川，2014）。因此，我国需要进一步改革发展，不断完善金融市场，以促使人民币国际化。成熟稳定的金融市场必须具备广度、深度和弹性，也就是需要有多种类型的市场参与者和种类繁多的金融市场工具。市场主体包括投资者、筹资者、监管者及套利者等，他们的交易目的不同：套利者追求短期套利投机，投资者则希望长期持有某种金融工具，而筹资者

① 伦敦和新加坡的排名有变化，根据SWIFT（2014年4月）的报告，新加坡支付额超越伦敦，成为排在香港之后的第二大离岸金融中心，http://www.swift.com/about_swift/shownews? param_dcr = news.data/en/swift_com/2014/PR_RMB_singapore.xml。

② 我国在资本项目可兑换方面已经取得非常多的进展，从2015年6月开始全国范围内的外商投资企业可以自由地选择资本金结汇时机，这是进一步扩大直接投资下可兑换程度的关键。

则是寻求资本支持等。不仅金融市场的广度是评判成熟度的条件，金融市场的深度也是我们需要考虑的方向，一个具有深度的金融市场必须拥有相当规模的市值，该市场中的各种金融工具都应是高质量的，经常交易量不仅要大，活跃程度还要高。中国虽然已经开始大力发展直接融资渠道，但以银行为主导的现状还是依然存在，需要创造更多的融资渠道，让市场参与者能够对风险进行更加准确的定价。中国的市场需要进一步开放以提高人民币作为国际投资货币的吸引力，这也是人民币国际化的内在需要。

焦武（2013）总结了资本账户开放的内容：一是资本金融账户各项目下的货币可兑换，即一国货币当局能够允许居民和非居民间正常资本交易支付和转移项下，本国货币可以与他国货币自由兑换；二是资本市场开放，即本国证券交易市场的对外开放。资本账户和资本市场的开放，才能在一国范围内建立起本币的循环、流通和投资渠道，从而形成具有一定广度与深度的本币的世界市场。然而，资本账户开放不是轻而易举就能实现的，历史上，很多国家的资本账户开放多是一个不断取消资本账户管制、逐步实现自由化的过程。实际上，资本账户开放不是绝对的，应该是一个相对的概念，应该清醒地认识到，有关资本项目可兑换与放松外汇管制实际上是个程度的问题。发达国家很重视反洗钱、反恐融资，重视对那些通过避税天堂的避税行为进行跨境交易监控，即使是公认的市场化程度最高的国家（比如美国）也存在着某种程度的管制。对于中国而言，应该根据自已的发展阶段实施资本账户开放的具体步骤，主要表现为管理范围的放宽和控制程度的放松。

与人民币国际化相关的另一个概念是资本项目可兑换。周小川（2013、2014）的系列讲话中可以找到我国政府关于资本项目可兑换的政策取向和内容逻辑。我国推进人民币可兑换工作，是从 1993 年党的十四届三中全会首次提出要“实现人民币可兑换”开始的。[①] 1996 年实现经常项目可兑换以后，亚洲金融风暴就爆发了，我国自身遭受金融风暴的冲击也比较严重，国内金融稳定形势比较严峻，但还是坚持了人民

① 1993 年，党的十四届三中全会通过了《中共中央关于建立社会主义市场经济体制若干问题的决定》，其中有两项内容涉及人民币可兑换：首先是在第 19 项“加快金融体制改革”中明确提出，“逐步使人民币成为可兑换的货币”；其次是在第 36 项提出，要“发展开放型经济，使国内经济与国际经济实现互接互补”。

币不贬值，为此，资本项目可兑换进程就不得不暂停了。2003 年 10 月，党的十六届三中全会正式重新提出资本项目可兑换问题。[①] 2005 年，在党的十六届五中全会通过的“十一五”规划建议中进一步明确了“逐步实现人民币资本项目可兑换”，这是中国首次将人民币资本项目可兑换的进程纳入国民经济和社会发展五年规划，由于对资本项目可兑换条件的考虑以及 2008 年国际金融危机，“十一五”期间我国没有大力推进资本项目可兑换。最近一段时期，在国家政策层面人民币资本项目可兑换的提法发生了积极的变化。在第十七届全国人大第四次会议审议通过的《“十二五”规划纲要》中提到，要“逐步实现人民币资本项目可兑换”；在 2011 年的总理《政府工作报告》中提到要“推进人民币资本项目可兑换”。

关于资本项目可兑换，国内外学者主要有两种解释：一是资金的跨境自由转移、跨境交易和资金转移的管制逐步取消。二是不仅包含资金的跨境自由转移，还包括与资本交易相关的外汇管制也必须取消。而我国人民币资本项目在上海自贸区没有设立之前处在部分可兑换的现状，受到国家的管制较多。这主要是由于历史国情的原因，对资本项目进行严格管制从而让资金更好地服务于国内投资且能够更好地扶植、壮大国内弱小企业，对国内金融市场进行培育，以防资金浪费等。而我国经济迅速发展，综合国力不断提升，金融市场也日益完善。相对的，国内资本管制的有效性也就无法保证，会大幅度降低，而且我国的宏观经济目前很稳定，有完善金融监管，外汇储备量非常充足，金融机构相对稳健，故人民币资本项目开放的基本条件已经成熟。资本项目开放可以成为沟通在岸市场与离岸市场的桥梁，给参与国际贸易和投资的居民和非居民提供人民币资产池，为人民币回流提供重要的渠道，使非居民能够自由买卖人民币，能够以非常低的成本获得、使用和持有人民币，如果这个市场形成了，人民币在国际市场上的使用频率和效率将极大地提高，人民币的各项职能（如人民币的计价、结算、支付、投资和储备等）也将得到充分的发挥，人民币的全球循环路径进一步完善，这将为人民币国际化打下坚实基础。值得关注的是，中国人民银行 2015 年 6

① 《中共中央关于完善社会主义市场经济体制若干问题的决定》明确提出，“在有效防范风险前提下，有选择、分步骤地放宽对跨境资本交易活动的限制，逐步实现资本项目可兑换”。

月3日公布，已获准进入银行间债券市场的境外人民币清算行和参加行，[①] 可开展债券回购交易，其中正回购的融资余额不高于所持债券余额的100%，且回购资金可调出境外使用，央行网站的通知指出，回购交易包括债券质押式回购交易和债券买断式回购交易。

第二节　离岸金融中心的由来、类型及形成条件

离岸市场是一种不同于传统在岸国际金融市场和国内金融市场的一种全新形式的金融市场，其起源于20世纪50年代的金融自由化浪潮，其游离于货币发行国之外，资金的提供者和需求者都是非居民，为非居民之间的交易及货币兑换提供服务，基本不受法律及税制的影响，不完全受到来自某一国家或地区的控制，是一种新型的、国际化程度极高的金融市场。

离岸金融市场的产生，源自于欧洲，后逐步在全球范围内形成了伦敦、巴哈马群岛、百慕大群岛、日本、美国等著名的离岸金融市场，但是不同的离岸金融市场其功能属性、结构特征、运作方式存在较大的差异。

一　离岸金融中心的由来

离岸金融中心于20世纪50年代，由于欧洲美元市场交易的刺激而最早产生于英国伦敦，此后随着金融创新的不断深入、国际一体化趋势的显著加强及跨国金融业务的不断升温，离岸金融中心不仅在传统的强大经济体如欧洲、美国、日本、英国出现，在新兴国家和地区如亚洲的新加坡、香港；中东的巴林；拉美的巴哈马、巴拿马、开曼等都得到了迅速的发展。

离岸金融市场，是金融创新的产物，可以刺激一个国家或者地区的金融业务发展，同时可以刺激某币种货币产生大量的衍生交易物品，从而增加该币种在国际货币市场上的比重，从而使得该币种的母国能够分享国际铸币税的收益，同时它又是良好的资本配置场所，有利于货币发

---

① 境外人民币业务清算行是指在已建立境外人民币清算安排的境外地区（包括香港、澳门、台湾）开展人民币清算业务的机构；境外参加银行是指根据有关规定开展跨境人民币结算业务的境外（包括香港、澳门、台湾）商业银行。

行国实现产业升级。但是不同类型的离岸金融市场功能、结构乃至风险传导机制都是不同的。因此研究离岸金融市场的类型是有必要的。

二　离岸金融中心的分类

传统意义上，我们将离岸金融中心分成以下几类：内外一体型、内外分离型、内外渗透型、避税港型。

内外一体型的离岸金融中心资金流动不受限制，无需受到所在国存款准备金率、税率的影响，即其收益不纳税，同时这样的离岸金融中心允许其经营在岸业务与国内业务。一般而言，该种类型的离岸金融市场要求所在国金融市场市场化程度很高，并已经取消了外汇管制和利率管制，资本可以自由流动。产生的过程中要求金融中心所在国与对外经济贸易达到了较高的水平，资金供给充裕，涉外金融业务的发展无可避免，因而自发地形成。英国伦敦的离岸金融市场就属于这个类型。

内外分离型的金融市场，其与内外一体型的金融市场的区别是严格禁止其从事进内金融业务，不允许资金在离岸、在岸市场流动，需要开设离岸账户，即与国内金融市场严格分离。美国国际银行设施（IBF）、日本离岸金融市场（JOM）都属于这个类型。这种金融中心的形成常常是由于政府的政策推动导致，所在国政府为了提高国际金融中的地位，或者为了产业升级、结构转型筹集资金，从而推出了优惠政策。

内外渗透型金融市场较之内外分离型金融市场，区别在于允许资金一定限度地相互流动、渗透，可开设资金单向流动通道。

避税港型的离岸金融市场，实际上只是一个记账中心的作用，一般在不需要纳税的某一城市设立机构，在账户上处理交易。这样的离岸金融中心一般建立在税率极低，监管比较松散的小国，以此为国际大宗资本提供避税交易，但是其本身只是一个名义中心，并不具备大量的资本而只是进行账面操作。典型的避税型离岸金融市场有加勒比海的开曼群岛和巴哈马，以及百慕和大西欧的海峡群岛等。

三　离岸金融中心的形成条件

离岸金融中心的形成本质上是全球一体化和金融自由化的相互作用，是客观资金的供给和需求决定的，但是离岸金融中心的形成也需要如下条件：

第一，离岸市场与在岸市场一般要存在管制“势差”，即直接或间接的政策优惠。离岸金融中心的形成很大程度上依赖于货币发行国市场监管当局，以及离岸金融中心所在地监管当局的政策。例如伦敦成为离岸金融中心，最初是来自于欧洲美元、石油美元的市场刺激，而欧洲美元、石油美元的市场刺激是由于在二战结束后，美国在成立 IBF 之前，对于金融业务的严格监管，而欧洲市场较之监管宽松，资金流动顺畅，因而产生。

第二，作为离岸金融市场的所在地，需要拥有健全的金融体系、各类金融机构及相对完善的金融制度。纵观世界著名离岸金融中心如伦敦、美国、日本、巴林等都是拥有众多银行与国际知名大银行的分支机构。金融机构的硬件条件为离岸金融市场的产生作出了硬件的准备。

第三，作为离岸金融中心的所在地，要求当地具有稳定的社会环境和政治经济形势。因为所在地环境的稳定，是吸引境外资金最为重要的参考条件之一。政治经济形式的稳定，才能最大限度地降低系统性的风险，国际资本的转移才能以最小的交易成本进行。本质上离岸金融中心存在的根本原因是其为市场提供了高效而低成本的融资平台，而稳定的社会环境、政治经济形势将会显著地降低社会的交易成本，从而使得离岸金融中心的比较优势进一步发挥，降低融资的风险与成本。

第四，要求离岸金融中心具有优越的地理位置和发达的基础设施。金融全球化的发展要求全球金融体系能够全天候不间断地运行，并相互关联，离岸金融中心作为游离于主要金融市场外的离岸市场，其特殊的时区（如下表）位置将有助于全球金融一体化的推进。

表 1.1　**全球离岸金融中心的地理分布**

群属	所在时区	主要离岸金融中心
西欧	西一区—东二区	伦敦、苏黎世、卢森堡、法兰克福
中东	东三区—东四区	巴林
亚太	东七区—东十区	东京、中国香港、新加坡
北美	西四区—西八区	纽约
加勒比	西六区—西八区	巴哈马、开曼、巴拿马、百慕大

资料来源：转引自刘继广《人民币离岸金融运行机理分析》，2005 年 5 月，上海社会科学院博士学位论文，第 37 页。

同时，离岸金融中心除了具有良好的地理位置之外，还需要拥有发达的基础施舍，如通信、交通等硬件设施，同时还需要有高素质的人才、健全的法律体制，等等。

综上所述，以上四点就是成为离岸金融中心的主要条件。

第三节　香港人民币离岸市场的发展

中国人民大学发布的《人民币国际化报告 2012》的研究认为，离岸金融市场是当代国际金融的核心，没有一定规模的人民币离岸市场做支撑，人民币国际化只能在低水平上徘徊。发展人民币离岸市场的关键在于短期内迅速扩大人民币境外存款规模。依靠贸易逆差对外提供人民币所需的时间长，而且规模小，比较分散。依靠大规模人民币对外投资，容易激发政治民情，产生事与愿违的结构，因此，最有效的渠道是依靠我国强大的国有或股份制银行，直接扩大人民币对外贷款规模，为离岸人民币市场繁荣奠定最重要的物质基础。

一　香港开展人民币离岸业务的条件

1. 地理优势

就地理位置而言，香港具有优越的时区位置，作为东八区覆盖范围内金融体系最为完备的地区，其能够优先填补纽约及伦敦的市场空隙，在全球金融一体化的大形势下，满足对金融市场 24 小时不间断运行的需求。

同时，香港背倚祖国大陆，作为世界新兴经济体的代表，中国与周边国家及世界各国的贸易交往越来越频繁，这为香港成为金融中心提供了物质支持，中国大陆的发展已经成为香港推动离岸金融中心建设的重要推动力，随着国内企业的管理水平、生产水平的不断提高，越来越多的国内企业开始进行跨国贸易及跨国并购，而香港以其优越的金融环境吸引越来越多的企业将其作为对外筹资的首选地。

不仅如此，香港的维多利亚港是世界上三大天然港口之一，港口的管理和设备都很健全，香港的贸易有着悠久的历史，港口每日吞吐量非常可观。

同时，作为面向东亚、东南亚的桥头堡，近年来随着中国与周边国家双边贸易的展开，在贸易的过程中也积累了越来越多的离岸人民币，这也为香港成为离岸金融中心创造了条件。

2. 制度优势

作为一国两制政策的施行区域，香港在建立离岸金融中心上有着天然的优势，前文已经论述，离岸金融中心的形成一般需要存在“管制势差”，在目前大陆尚未完全开放资本项目的可自由兑换、存在利息管制等条件下，香港不存在外汇管制、利息管制，并且实行自由港和自由贸易政策，是世界上最大最开放的自由港。居民、非居民都可自由参与金融活动，各国船只可以自由进出，办理贸易手续十分简便，本地机构、外来机构相对较为平等等较为自由的金融环境，与大陆产生了“管制势差”。最重要的是，香港的税率低，税种少，除烟酒、高档奢侈品等少数商品征收很低的消费税和进口税外，绝大多数进口商品可以获得免税优惠，并且内外税率一致。在这样的情况下，无论是境内企业的对外融资，还是境外企业的筹资活动，香港都有着显而易见的优势。

3. 金融环境

香港的金融和投资自由是香港作为离岸市场的又一优势。在金融方面，香港是国际金融中心之一，有着完全对外开放的金融市场，本地银行与外资银行享受完全平等的待遇，外币和港币的兑换十分自由、方便。在投资方面，香港对成立公司的标准低，限制少，各公司不论地域平等竞争，这为人民币在港投资提供了有利条件。与此同时，香港作为中国发达程度、人均受教育程度、人均 GDP 均名列前茅的地区，有着良好的金融环境，其包括：大量的金融人才、活跃的金融机构、完善的金融法规体系、高效的政府监管以及开放的民间气氛。而在硬件方面香港有着完善的通信、交通等设施。

通过上述金融的软硬件环境，香港在金融领域有着较高的效率，以及较低的交易费用。

4. 开展人民币离岸业务潜在市场

目前中国与亚洲各国交易主要的计价货币是美元，但随着越来越多的人民币结算协定的签署，及中国经济实力的强大，人民币成为区域内主要结算货币已经成为一种必然的趋势。自东南亚金融危机以来，由于在金融危机中人民币不贬值的做法为人民币赢得了良好的信誉，加上近年来人民币币值逐渐上升的预期逐渐加强，中国境内居民出境、出国旅游带出的大量现钞，都使得人民币在区域范围内逐步开始流通结算。例如，柬埔寨政府鼓励使用人民币，而在蒙古、俄罗斯、缅甸甚至台湾地区人民币都可以作为支付手段，这使得境外沉淀的人民币数量越来越大。

人民币的流入流出，使现钞携带在香港较为普遍。在没有正式提出建立人民币离岸中心之前，有人估计沉淀在香港的人民币数量可能远大于500亿元。由此可知，允许香港银行从事人民币业务一方面可以满足港人不断上升的人民币需求，另一方面又能使得大量地下体系的人民币进入银行体系，从而方便国家进行外汇管控。

综上所述，从地理环境、制度优势、金融环境以及潜在市场等多方面看，香港在与内地存在管制势差的条件下，有着较高的资金使用效率，同时交易费用较内地其他省份甚至周边地区及国家较低。从比较优势的角度上来看，香港从事人民币离岸金融业务有着得天独厚的优势，因而在开展人民币离岸金融中心的建设上有着更大的操作空间及良好的基础。

二　香港人民币离岸市场建设的制度安排

经过几年的发展，人民币跨境业务已经吸引了全球其他金融中心的目光，继香港之后，新加坡、伦敦和台湾地区相继开展了人民币离岸业务，由初步试水到竞争日益白热化。人民币已变得炙手可热，据环球银行金融电信协会（SWIFT）公布的数据显示，人民币正逐步攀升为国际性的支付货币。2014 年 11 月底，人民币已经成为继美元、欧元、英镑和日元之后的全球第五大常用货币，超越了加拿大元和澳元的地位。截至2014 年 12 月，人民币占全球支付货币市场的份额上升至2. 17%，创历史新高，仅次于日元的 2. 69%，人民币在全球常用支付货币当中，排名第 13 位。不仅如此，2014 年 12 月，人民币在全球的支付总额增速就高达 20. 3%，远高于同期全部货币支付总额的 14. 9% 的增速。2014 年全年，人民币的支付总额增速更达到 102%，而同期所有货币的支付总额增速只有 4. 4%。单 2014 年全年，人民币的支付总额增速更达到 102%

人民币能取得如此的成就，其中人民币离岸市场功不可没，尤其是香港的离岸市场（万荃，2013）。香港具有良好的金融基础设施及优秀的金融人才储备，本来就是一个主要的国际金融中心。在人民币国际化的进程中，香港人民币离岸金融中心充当了桥头堡和试验田的作用，目前香港人民币离岸市场发展迅速。[①] 香港模式可以概括为：人民币流出渠道是按现有机制多渠道流出，并通过经常项下多渠道流回；如果需要从资本项目下回流，则必须通过香港非居民持有人民币头寸，如同多余的流量需要蓄积，蓄积以调节为要。径流可以多条，但蓄积调节只能一个闸门。依此，国际收支资本项下的管制就如同水库大坝，香港金融市场因大坝而成为人民币头寸的水库，中国人民银行和香港金管局为闸门的管理人。而由于人民币的蓄积，形成离岸人民币市场，“水越大越深，鱼越大”。香港人民币离岸市场产品丰富化，交易频繁化，而香港良好的金融基础设施支持了这一市场的发展（曹远征，2013）。

香港人民币离岸市场的发展得益于一系列制度的支持，[②] 基本发展过程如下：

2003 年 12 月，香港金管局宣布启动香港人民币业务试点，离岸市场取得有限发展，但限于低息零售存款、有限制的个人人民币服务。2008 年 7 月 10 日，国务院批准中国人民银行方案，新设立汇率司，其职能为“根据人民币国际化的进程发展人民币离岸市场”。2009 年 3 月 9 日，国务院已经确认将在香港进行人民币跨境结算中心试点。2009 年 1 月，中国人民银行、香港金管局签署货币互换协议，为后者提供最高 2000 亿元的人民币流动性支持，有效期三年。2009 年 7 月，中国人民银行在上海和广东等地开展跨境贸易人民币结算试点，境外人民币结算系统在香港展开。2010 年 2 月，香港金管局放宽参与人民币离岸结算业务条件为人民币在香港自由流动创造条件。2010 年 7 月 19 日，中国人民银行、香港金管局签署了修订后的《香港人民币贸易清算协议》，香港银行对金融机构开设人民币账户及提供相应服务不再有限制，个人和企业之间也可以通过银行进行人民币资金的自由支付与转账，这些规定有助于形成香港人民币（CNH）市场基础，据估计，包括人民币即

① 附录 1 列举了推动香港离岸市场发展的重要事件。

② 例如我国的“十二五”规划也明确提出“支持香港成为离岸人民币业务中心和国际资产管理中心”。

期和远期等交易在内的日均交易量达到20亿—40亿美元（余伟文，2012）。2010年8月16日，中国人民银行宣布境外机构人民币可以投资于大陆银行间债券市场，向进一步开放资本项目迈出一步。2011年8月，中国政府支持香港企业通过RQFII投资于内地证券市场。从2012年8月1日起，香港银行首次为非香港居民开户和提供各类离岸人民币服务，具体包括设立人民币账户、存款、贷款、发出人民币结算扣账卡及信用卡等服务。2014年11月17日"沪港通"[①]开通，"沪港通"的开通成为了香港和上海两地金融合作的重要标志，同时也使得内地资本账户可兑换，资本市场可以对外开放。"沪港通"除了为人民币在岸离岸的流通开辟另一条重要的渠道外，也是一个长期的制度安排。所以，在关注"沪港通"时，不应该只看重"沪港通"短期交易量的高低，要对沪港通长远发展充满信心。除此之外，"沪港通"再次明确了香港作为人民币离岸市场中独特的角色，对香港国际金融中心的发展起到了巨大的推动作用。

香港离岸人民币业务发展迅速，香港金融管理局立法会财经事务委员会的相关数据显示，经香港银行处理的人民币贸易结算交易量从2010年的3692亿元上升至2014年的62583亿元，增长1595%。香港人民币存款从2010年底的3149亿元上升至2014年底的10036亿元，增长214%，香港人民币存款余额从2010年底的57亿上升至2014年底的1547亿元，增长2614%，香港人民币债券发行量从358亿元增长到1079亿元，增长201%，人民币债券发行机构更多元化，以2011年为例，国家财政部发行占比18%，香港注册公司占比20%，在香港以外注册的公司及机构占比62%。香港人民币贷款余额从18亿元增长到308亿元，增长1611%。直接投资人民币结算也取得了很好的进展，2011年外商直接投资人民币900亿元，对外直接投资人民币200亿元，债券投资方面，大约40家境外金融机构被核准以不同的额度投资银行间债券市场。与此同时，通过人民币合格境外机构投资者RQFII机制，已有200亿元人民币投资于内地市场。

香港作为支持全球各地开展离岸人民币业务的角色亦日益加强。除

① 沪港通是指上海证券交易所和香港联合交易所允许两地投资者通过当地证券公司（或经纪商）买卖规定范围内的对方交易所上市的股票，是沪港股票市场交易互联互通机制。

了在客户层面直接为海外企业提供各项人民币服务之外，香港的人民币金融平台也为全球各地的银行和金融机构提供服务，多层面支持人民币业务在全球各地开展。截至 2011 年底，海外企业在香港银行存放的人民币存款，占所有企业人民币存款的 15%。香港人民币清算平台有 187 家参加行，当中有 165 家是海外银行的分支机构以及内地银行的海外分行，形成了一个覆盖 6 大洲 30 多个国家的结算网络。同时，香港银行与海外银行的人民币业务联系亦逐渐扩大。香港银行对海外银行的人民币应付款项，由 2011 年初的 196 亿元人民币增加至年底的 1160 多亿元人民币；而应收款项也由 109 亿元人民币增加至 1217 亿元人民币。2014 年 4 月 10 日国务院总理李克强在博鳌论坛上指出，将着重推动新一轮高水平对外开放，其中扩大服务业包括资本市场对外开放是重要方面。并称此后将积极创造条件，建立上海与香港股票市场交易互联互通机制，进一步促进中国内地与香港资本市场双向开放和健康发展。同时将在与国际市场更深度的融合中，不断提升对外开放的层次和水平。中国证监会于同日正式批复开展互联互通机制试点，即沪港通，2014 年 11 月 17 日将正式启动。2014 年 11 月 12 日，香港金融管理局总裁陈德霖宣布，将从本月的 17 日起取消港人每天兑换 2 万元人民币的上限限制，此举被认为是为沪港通铺路。实际上，香港银行界期盼取消每天兑 2 万元人民币上限已久，早前渣打银行的一项调查显示，香港 50% 的受访者持有人民币产品，并对人民币前景有信心。也有金融学者多次呼吁，香港取消每天兑换人民币上限，将有助于香港作为离岸中心获得突破性发展。

中国政府在尚未实现资本项目自由化的条件下推动人民币国际化，香港的离岸人民币业务无疑成为人民币国际化的试验田。早在 2003 年 11 月，中国人民银行开始为香港个人人民币业务提供清算安排，中国银行（香港）有限公司被确定为香港银行个人人民币业务清算行，为参加行办理个人人民币存款、兑换、汇款和银行卡业务提供清算服务；2004 年，香港银行获准试办个人人民币存款、兑换、汇款和信用卡业务；2007 年《境内金融机构赴香港发行人民币债券管理暂行办法》颁布，内地金融机构可以到香港发行人民币债券，业务扩展到投资领域，同年中国人民银行与中国银行（香港）有限公司签订《中国人民银行与中国银行（香港）有限公司关于人民币业务的清算协议》（以下简称

《清算协议》），进一步放宽人民币的业务范围。2009 年7 月修改《清算协议》，将跨境贸易人民币结算业务纳入清算体系安排。香港成为跨境贸易人民币结算的境外试点地区，开始经营人民币贸易结算与融资。2010 年7 月 19 日，中国人民银行分别与香港金融管理局和中国银行（香港）有限公司，就香港人民币业务发展再次修改了《清算协议》及补充合作备忘录两份重要文件。自此，香港的银行开设人民币账户和提供各类服务不再有限制，个人和企业相互之间可以通过银行自由进行人民币资金的支付和转账，香港人民币资金存量大幅度增加，香港离岸人民币业务的发展取得新的重要突破。2010 年 8 月 16 日中国人民银行发布公告，允许符合条件的境外金融机构以人民币投资中国银行间债券市场，这对于破解香港人民币离岸市场面临的发展难题具有非常重要的意义，因为此举在跨境资本流动仍受限制的约束条件下，促成了一个新市场——香港人民币离岸市场——的诞生，也就是人们所说的 CNH 市场（The offshore CNY market in Hong Kong），这是实施人民币国际化战略的重要组成部分。

CNH 市场的里程碑式的建立和发展，使人民币对美元汇率形成了第三种价格，即除了海外人民币无本金远期（NDF）市场汇率和在岸人民币（CNY）市场汇率之外的香港离岸人民币对美元（CNH）市场汇率。并且，从 2011 年 6 月 27 日开始，香港财资市场公会正式推出人民币对美元的即期汇率定盘价，定盘价作为香港离岸人民币对美元的市场汇率基准价格，使得香港离岸市场上的定价更为透明。可以认为定盘价将对香港人民币离岸业务扩展产生关键作用，并强化香港作为离岸人民币中心的角色，离岸即期市场上人民币的每日交易量已经飙升至约 13 亿美元（张莫，2011）。香港离岸人民币存款规模在这 11 年间上升迅猛，虽然个别月份有所下降，但目前总量接近 1 万亿元的规模。香港经营人民币银行业务的认可机构数目从 2004 年 2 月的 32 家上升至 2015 年 5 月的 140 多家，详见图 1.6 和图 1.7。

香港离岸人民币业务的发展大大推进了人民币国际化进程，为配合跨境贸易人民币结算试点，拓宽人民币回流渠道，中国人民银行还先后出台了一系列配套政策：一是发布《关于境外人民币清算行等三类机构运用人民币投资银行间债券市场试点有关事宜的通知》（2010 年 8 月），允许境外央行（或货币当局）、港澳人民币清算行和境外参加银行使用

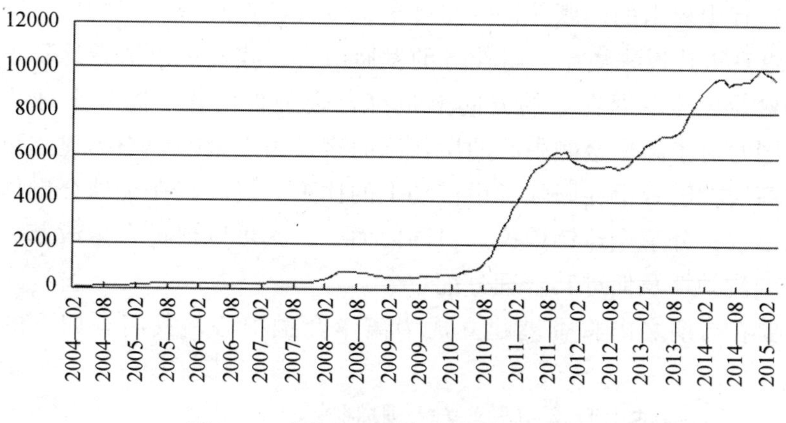

图 1.6　香港人民币存款规模（亿元）

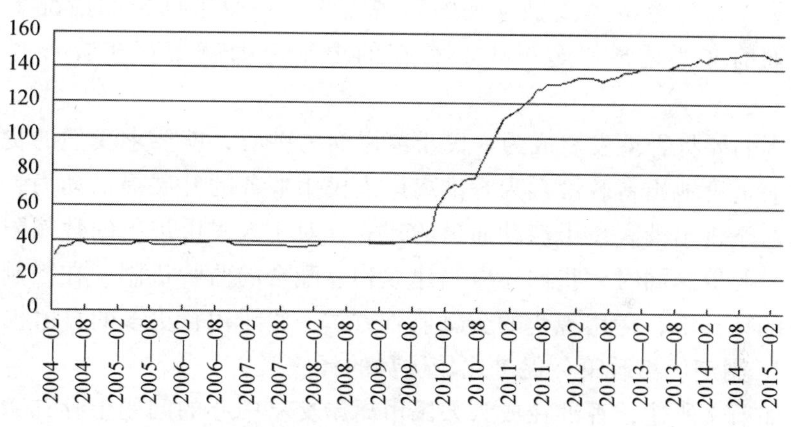

图 1.7　香港经营人民币业务额机构数量（家）

数据来源：wind 资讯。

依法获得的人民币资金投资银行间债券市场，为境外人民币提供回流和保值渠道。二是发布《境外机构人民币银行结算账户管理办法》（2010 年 8 月），规范境外机构人民币银行结算账户的开立和使用，加强银行结算账户管理，维护经济金融秩序稳定。三是发布《境外直接投资人民币结算试点管理办法》（2011 年 1 月），配合跨境贸易人民币结算试点，便利境内机构以人民币开展境外直接投资，规范银行业金融机构办理境外直接投资人民币结算业务。四是发布《关于明确跨境人民币业务相关问题的通知》（2011 年 5 月），有效解决银行和企业在开展跨境人民币业务过程中提出的问题，进一步规范、完善试点政策。

纵观近代以来离岸金融业务的发展历史，我们可以清楚地知道，离岸金融业务的发展在大的方向上是符合金融自由化、国际全球化的格局，同时对于离岸金融中心的所在国而言，离岸金融中心的建立可以大大提高所在国货币在国际货币市场上的比重，提高其在全球金融体系中的话语权，分享全球铸币税。对国内而言，其可以促进金融改革，提高资产的流动性及促进其合理分配。

要在短期之内将香港建立成为离岸金融中心，我们有如下的政策建议：

1. 适时地推出政策引导，放松限制

目前，世界上众多不断涌现的新兴离岸金融中心基本上都是所在国政府为了适应经济及金融发展的客观需求，在政策助推的情况下成立的。而前文所述离岸金融中心存在的根本原因就是存在着管制“势差”。

因而要将香港发展成为人民币离岸交易中心，就要求我们的货币当局适时适度地出台政策，为香港离岸人民币业务的开展提供动力，主要包括对于进出港人民币流动通道的建立，对于人民币进出的数额限制的放松，等等。同时，我们还应当建立相互配合的监管机制，在控制整体风险的条件下，运用现代的金融监管方式，给予银行更多的自由权。

2. 制定优惠政策，促进比较优势的释放

如前文所述，香港在成为人民币离岸交易中心的问题上存在着很多天然的优势，但是这些优势能否发挥作用，取决于在同台湾、马来西亚等新兴离岸金融中心的竞争中是否有着更高的效率，根据制度经济学的理论，要释放比较优势，降低交易费用是非常必要的。因此我们认为，在助推香港成为离岸金融中心的道路上，我们应当采取适当的优惠政策，如合理的税收优惠、增加经营的自由度、降低经营成本等。具体来说有如下几点：

第一是税收优惠。观察英国、巴林、巴哈马群岛的离岸金融中心形成过程我们知道，资本在追逐税收优惠的动力下才可能离开本国金融市场，进入一个相对低税的区域。而世界著名的离岸金融中心都有着相应的税收优惠政策如免征营业税、利息税，等等。

但是到目前为止，我国的税收模式仍然属于“一刀切”，且伴随着国民经济运行的总体水平存在波动，这就造成了离岸金融业务在税收方面不存在相应的优势，使得我国离岸金融业务起步较晚。因此，国家应当出台相应离岸金融的税收法律法规，建立良好的税收环境，使得我国开展离岸金融业务的总体税负水平不高于周边国家或地区的新兴离岸金融中心。

第二是降低经营成本，在英国、美国、日本的离岸金融中心建立的过程中，开展离岸金融业务的银行都不需要或者以较低比例缴纳存款准备金，这就使得他们的经营成本得到有效的降低。要使得香港能够正常开展人民币离岸金融业务，货币当局也应当出台相应的政策，分离内地和海外银行的存款准备金率限额，有弹性地调整法定存款准备金率。

第三是增加业务开展机构自由度。在建立了良好的隔离机制之后，我们应当适当放松离岸市场的金融监管，通过市场竞争的手段来提高离岸金融业务的开展水平。适度的监管放松，既保证了整体风险水平的可控，同时又能够为金融业务的开展提供空间。

3. 鼓励离岸金融业务创新

香港开展人民币离岸金融交易，主要服务对象是国内或者国外欲从事人民币交易业务的厂商，在离岸金融业务开展的过程中，我们应当鼓励金融创新，在现有的制度基础上，加强离岸金融产品同在岸金融产品之间的相互融合，以此提高资金的周转速度。开展多样化的现代金融业务如保函、汇兑、外保内贷、内保外贷等业务，满足不同的客户对于人民币的结算需求。在相关的保险行业、债券行业等都开展金融创新，降低人民币融资成本，提供汇率避险的产品，加强金融电子化交易的建设，为国内企业进行国际贸易提供相关的金融支持。

在离岸人民币的衍生产品中，一方面要规范金融衍生品的种类、风险标度；另一方面也要鼓励创新，建立多样的以离岸人民币为核心的衍生产品，建立相应的人民币结算设施中心，搭建交易平台，逐步扩展人民币同美元、欧元、日元等国际主要货币的自助交易。

总之，通过政策鼓励和引导金融创新，开展多种类型的业务，提高离岸金融市场的吸引力，以满足现代金融的需求。

4. 建立健全离岸金融业务监管机制

离岸金融业务的监管机制的建立有助于提高风险防范的能力，保证我国金融行业的健康发展。具体来说主要是建立严格而有效的市场准入机制、建立有效的隔离机制（在岸市场和离岸市场的隔离）、建立资本流动通道等。

5. 完善离岸金融配套设施的建立

完善离岸金融配套设施，主要存在两个方面，一个是硬件方面，即进一步加强香港金融环境的建设，同时完善相关的法律法规，建立合理的收税、检察制度；另一个方面就是建立良好的软环境，即吸引优秀的人才来到香港，参与到人民币离岸交易中心的建设过程中。

第四节　人民币国际化进程中存在的问题与反思

货币国际化是需要一些条件的，比如主权货币的全面可兑换，尽管可兑换货币不一定会成为国际货币，但国际货币一定是可兑换货币。货币国际化也是有成本的，比如货币政策的不能完全独立。一旦主权货币成为国际货币，就意味着该国的货币政策亦是国际货币政策，承担提供国际流动性义务，这需要该国有完善的金融体系及金融市场等金融基础设施。显然，目前人民币的国际使用并不完全具备这些条件，这是一个特定阶段的特殊安排，并使人民币国际使用有别于传统路线。

中国的人民币国际化是在全球金融危机和欧洲债务危机的双重背景之下进行的，在复杂而严峻的环境中，我国人民币国际化的进程受到了新的挑战，出现了一些令人困惑或者出人意料的现象，具体而言有以下几个方面：

第一，跨境贸易人民币结算规模急速扩大与进口结算比重偏高的“跛足”现象并存。跨境贸易人民币结算从 2009 年下半年的 36 亿元发展到突破 2 万亿，但人民币跨境贸易结算在进出口两个环节的分布极不均衡，内地企业进口支付人民币显著高于出口收到的人民币。根据何帆等（2012）、张明（2011、2012）的研究，由于持续的升值预期导致境外企业更愿意接受人民币不愿意支付人民币，跨境贸易结算初期境外人民币市场存量有限，外国企业获得人民币的难度较大或成本较高等原因，人民币跨境贸易结算集中于进口而非出口，出现严重的“跛足”状况。余永定（2011）认为，以人民币贸易结算为突破口的国际化难免导致新增美元外汇储备的增加，推行本币计价比推行本币结算更为重要。余永定（2012）又进一步指出，“跛足”的人民币跨境贸易结算与其说降低了中国企业面临的汇率风险，不如说降低了外国企业的汇率风险，这是因为少数中国出口企业减少了人民币升值的汇率风险，而大多数中国进口企业却丧失了人民币升值带来的获利机会。对于这一问题，笔者认为，在人民币跨境贸易结算初期甚至一段时间内确实会存在这种失衡的情况，但是也不能过于忧虑。首先，多数贸易结算交易是以实际交易为基础的，境外企业愿意接受人民币恰恰说明了人民币在境外是非常受欢迎的，这将有利于人民币国际化。不过这在反方面也说明了本国企业对人民币信心不足，或者可以说没有长远地看清人民币国际化的进程脚步，这在一定程度上不仅阻碍了人民币国际化的发展，而且还挫伤了内地其他企业进行人民币收支结算的信心。其次，持续的升值预期更是基于对中国宏观经济基本面的判断，试点初期人民币升值预期有利于人民币被海外接受。最后，随着人民币汇率双向波动、弹性增加，香港人民币结算出口和进口的比重在向平衡方向发展，以 2012 年第一季度为例，银行累计办理跨境贸易人民币结算业务 5804 亿元，跨境贸易人民币结算实际收付 5500. 1 亿元，跨境贸易人民币结算收付平衡状况持续改善。马骏、徐剑刚等（2012）指出，要改善人民币贸易结算“跛足”问题，非但不应放缓人民币走出去的步伐，而是应该进一步推动离岸市场的发展，让更多的境外进口商获得人民币支付的服务，推动人民币 ODI 和落实人民币出口结算范围扩大的政策。

第二，跨境贸易人民币结算规模虽然持续扩大，占海关进出口总额的比重快速攀升，人民币成为仅次于美元的第二大结算货币，但中国外贸结构对跨境贸易人民币结算的制约作用也日渐显现。根据朱焱（2015）的研究，当前的外贸结构对跨境贸易人民币结算的制约作用也日渐显现，尤其是加工贸易、大宗商品、国有企业、发达经济体等均是跨境贸易人民币结算的“软肋”。首先，加工贸易不利于跨境贸易人民币结算。加工贸易企业往往境外采购率较高，境内采购大多以初级产品为主，这制约了企业价值链向上游产业的延伸，缩短了加工贸易产品的国内价值链，降低了加工贸易产品在全球价值链中的地位。其次，大宗商品多采用美元为国际结算货币，限制了跨境贸易人民币结算的发展。再次，以外资企业为主导的“两头在外”贸易方式，使得对发达经济体难以开展跨境贸易人民币结算。最后，出口竞争力不强加剧跨境贸易人民币结算难度，民营经济发展滞后阻碍跨境贸易人民币结算。因此，要持续扩大人民币跨境使用，不仅需要金融改革稳步推进，更依赖实体经济转型升级。加快推进外贸产业升级和结构优化；进一步提升招商引资的质量和效益；积极推动金融市场对外开放；鼓励境内外银行开展跨境人民币结算金融创新。

第三，在岸与离岸市场之间的套利、套汇空间持续存在，套利和套汇活动一直存在。目前，我国形成了在岸人民币银行间外汇市场（CNY）、人民币境外无本金交割远期外汇市场（NDF）以及香港人民币离岸市场（CNH）这样三个并存的独特的市场结构。三个市场的微观基础不同，监管和汇率形成机制不同，也就形成了各自不同的价格。除了汇率存在差异之外，利率也存在差异，由于金融市场的分割和投资渠道的限制，香港人民币离岸市场利率长期低于在岸市场（比如香港一年期的人民币存款利率为0.6%左右，在岸市场为3%左右）。学者们普遍担心的问题是在岸市场与离岸市场之间汇率和利率差异是否会导致大规模套利套汇活动出现，给在岸市场的货币金融稳定造成冲击？张明、何帆（2012）、张明（2015）具体研究了套利、套汇活动的市场背景、运行机制及相应结果和具体证据。对于信用等级较高的中国企业而言，目前在中国内地借款的年利率约为6%—8%，而在香港借款的年利率约为3%—4%。在香港借入资金并调入国内使用，自然具有很强的吸引力。企业进行上述跨境套利行为的具体机制如下：内地的A企业要求内地银行甲开出一张长期信用证（A企业可以将铜、铁矿石等大宗商品的仓单放在甲银行作为抵押品），通过从位于香港的关联企业B进口，A企业将长期信用证支付给B企业。B企业收到信用证之后，将其抵押给香港银行乙，获得一笔人民币或美元贷款。随后，B企业通过从A企业进口，将相关贷款作为货款支付给A企业。上述操作的最终结果，是内地企业A最终获得了来自香港银行乙的贷款。但从表面上来看，该套利活动也造就了两笔人民币跨境贸易结算：首先是A企业用人民币支付从B企业的进口；其次是B企业用人民币支付从A企业的进口。这种人民币跨境贸易结算无非是套利活动的幌子而已。余永定进一步认为，人民币贸易结算政策放开和香港人民币离岸市场发展的实质是资本跨境流动自由化，在很多条件尚不具备的情况下，人民币国际化应该三思而后行。笔者肯定上述学者基于国家利益的考虑重新审视套利套汇活动带来的不良后果。但是人民币国际化的大方向已经确定，这是由中国经济实力所决定的。同时，笔者认为，套利活动是改革过程中不得不面临的一个问题，市场经济条件下这种活动在某种程度上是合理性的。从制度经济学角度看，当两地存在管制势差的情况下，必然造成套利行为的产生。目前人民币市场回流渠道刚刚建立，在岸市场央行对汇率的干预程度更强，这势必会增加管制势差，加强套利预期。相反，随着我国人民币汇率波动区间的进一步放宽、汇率形成更多由市场决定时，管制势差降低，价格差距缩小，套利预期下降，套利行为应当会有所减少。很多国家的实践证明资本管制一般来说无法有效实行，从资本流动角度分析，管制对资本流入的影响大于对流出的影响，对长期资本流入的影响超过对短期流入的影响，对短期资本流出几乎失效，其原因可能为资本项目混入经常项目、短期资本流动以隐蔽的方式进行等。国际货币基金组织对资本管制的基本态度是在承认成员国根据基金组织协定所享有的保持或实行资本管制措施的自由度的同时，更倾向于欢迎成员国为实现资本项目自由化而采取的各项措施。资本项目开放有很多好处，比如有利于实现投资多样化、提高金融市场配置资源的效率等。美国和瑞士在20世纪70年代面对伦敦离岸市场的迅速发展，开始放松资本管制，实践证明，市场化的改革有助于提高效率。中国要发展，资本项目终究要开放，而套利行为会使不同市场的价格趋于一致，我们需要提高对套利活动、一定规模资本流动的承受能力。从目前的情况看，套利、套汇活动所带来的影响在可控范围。当然，随着离岸市场进一步发展，这些影响不能忽视，但改革总有一个过程，随着人民币汇率形成机制的日益完善和资本项目的渐进开放，中国宏观调控和应对风险的能力将进一步增强，套利套汇活动带来的负面影响仍然可控。

第四，2011年下半年以来，国际金融危机的影响并未消失，国内经济增长也不容乐观，随着境外唱空中国经济，市场出现反向套利和热钱流出的现象，香港人民币存款下降且人民币出现罕见的贬值，人民币国际化受到阻滞。面对这种情况，很多人担心人民币国际化可能就此停滞不前。余永定从利率平价角度研究了套利与反向套利的机制，部分地解释了2011年下半年以来离岸市场和在岸市场发生的变化，认为同时存在两个人民币外汇市场和两个人民币汇率，且资金可以相对自由地跨境流动，套利、套汇活动得以大行其道。由于国际金融环境的变化，CNH和CNY汇差发生逆转，而汇差的逆转又导致套汇方向的逆转和套利由建仓到平仓的逆转。张斌、徐奇渊（2012）认为，由于内地货币当局在外汇市场持续干预，人民币离岸市场的套利空间不会因为套利活动增加而收窄。而马骏、徐剑刚等则认为是“不对称”的政策环境造成了离岸市场发展停滞，其理由是离岸市场上人民币的来源主要靠人民币进口结算，但向内地回流渠道却已经明显多样化，包括人民币出口结算、人民币 FDI、三类机构投资于境内银行间债券市场、RQFII 等。这就形成了一个回流内地容易但流入到离岸市场相对困难的“不对称”政策环境。一年以前，由于人民币进口结算增长势头还很猛，而几种回流渠道刚刚开始建立，人民币离岸市场流动性得以快速增长。但是，随着近来人民币进口结算的减速，这种情况发生逆转。笔者认为，这些现象是人民币国际化过程中不可避免的，美元国际化过程中也会遇到升值或者贬值、资本有流入也有流出的情况，这会增加宏观经济调控的难度，但美国并没有就此实行资本管制。正是基于美国经济总量、贸易总量以及资本项下可自由兑换等因素的支持，美元最终成为最重要的国际储备货币。而我国人民币汇率形成机制仍然面临“不可能三角”的困境，货币政策独立性越来越受到挑战，为稳定汇率所做的牺牲却反过来成为阻滞人民币国际化进程的制度性障碍。[①] 因此，笔者认为，并不是离岸市场发展带来的上述风险，出现这种状况正是提示我们需要进一步改革现有的汇率形成机制，减少中央银行对外汇市场的干预，逐步放松对资本流动的限制，放宽人民币自由浮动的区间，让汇率变动更体现市场供求关系，离岸市场与在岸市场之间的价格差异自然会缩小，套利、套汇活动也将望而却步。可喜的是，自 2012 年 4 月 16 日起，中国人民银行放宽了对人民币汇率波动区间，增强汇率双向浮动弹性，进一步让市场力量决定汇率水平。基于中国经济的强大支撑，市场对人民币的信心增加，近期人民币出现连续升值的情况。因此，我们需要从动态角度去看待人民币国际化，人民币的信心和吸引力要靠中国经济的基本面来决定，中国经济的健康发展是推动人民币国际化的动力源泉。

① 主要表现为被迫进行大量、频繁的对冲；不敢轻易使用利率调整手段；连续多次调升存款准备金率等；此外，政策的不连续性也增加了市场预期的不确定性。

第五节　政策建议

人民币跨境贸易结算等政策和香港人民币离岸市场的发展大大推动了人民币国际化的进程，然而改革过程总与风险伴生，人民币国际化过程中也出现一些令人困惑的现象，笔者在前文的基础上提出下一步人民币国际化的政策建议：

一是充分把握人民币国际化的大趋势，顺势而为，积极尝试，仔细观察。根据我国过去30年经济改革的经验，使用增量改革倒逼存量改进的方式既可以释放信号，给市场准备时间，又可以控制系统性风向。另一方面，改革措施贵在坚持，目前国际经济形势波诡云谲，全球经济复苏的不确定性增加，但是好的制度来之不易，坚持以市场为导向的改革十分重要。

二是肯定香港在人民币国际化过程中所起到的桥头堡和试验田的作用，进一步促进香港离岸金融业务的发展。香港人民币离岸业务的尝试是非常必要的，很多货币国际化的过程中都伴随离岸金融中心的发展，比如美元国际化过程中，以伦敦为主的欧洲美元市场发挥了巨大作用。目前香港离岸金融业务初具规模，未来需要进一步放松对人民币跨境流动的管制，除了贸易渠道外，扩大人民币在资本项下跨境流动的渠道，扩大离岸市场人民币资产池的规模。推动境外对人民币的需求，加强人民币在离岸市场的“第三方使用”，所谓“第三方使用”是指在货币发行国以外的其他交易者使用该国货币作为计价手段、交易媒介或者投资工具等。回流渠道固然可以为离岸人民币找到投资出路，但是如果离岸人民币都大量回流，香港就无法保持足够的流动性，人民币离岸金融市场的广度和深度就无从谈起，而且还会给在岸市场的金融稳定带来干扰。因此，笔者非常赞同马骏、徐剑刚等人的观点，参照欧洲美元市场发展的经验，通过提高人民币的“第三方使用”，让人民币在离岸市场上形成一个相对独立而有序循环的体系才是长远的选择。

三是放松管制，完善人民币汇率形成机制，进一步加强利率、汇率市场化改革，促进人民币国际化的长足发展。根据前文分析，中央银行需要在继续干预在岸外汇市场、保持汇率稳定和放大在岸人民币汇率波动区间进一步允许在岸市场汇率自由浮动之间作出选择。如果继续维持干预政策，就会带来持续的套利空间，资金频繁进出的可能性就更大，实际上等于增加了金融风险。在前文中我们已经提到香港的人民币离岸市场发展迅速，离岸市场的发展也推进了人民币国际化的步伐，进一步引起了投资者的关注，在这种有利的形式下我们更应该积极推进财税改革，推进利率市场化的进程。我们应该坚信中国经济的基本面是支持人民币国际化的动力，因此，加大汇率上下浮动区间，适时推进人民币汇率形成机制的市场化改革，逐步放松资本管制的程度将成为人民币国际化长足发展的保证。

四是持续推出有利于人民币国际化进程的政策，让人民币早日成为国际货币。从 2009 年首只人民币债券登陆香港，人民币就开启了国际化的进程，在此之后，我国出台了一系列利好政策促进人民币国际化的进程，包括建立人民币贸易结算试点和与各国签订互换协议等。在 2015 年的“两会”中也提到了我国人民币国际化的未来走向，各个领域的专家学者纷纷关注人民币国际化的动态。2015 年 3 月 12 日 14 时 45 分，在十二届全国人大三次会议新闻中心举行的记者会上，中国人民银行副行长易纲表示希望人民币在不远的将来成为 SDR 的篮子货币。这些政策与言论都将促使我国进一步加快国际化进程，早日使人民币成为国际货币。只有人民币更强大、国际化程度更高才能进一步加快人民币离岸市场的发展，不仅使香港离岸市场繁荣发展，更促进其他离岸人民币市场的长远发展。

第二章　金融市场的波动溢出效应理论

金融时间序列数据往往表现出波动性集群或者称为聚类现象（volatility clustering）的特点，比如股票市场，股票价格可能会突然出现一个波动，并且在一个大的波动后面可能跟着另一个更大的波动，而在一个小的波动后面又常常跟着一个小的波动。这种现象导致了股票收益率的分布出现尖峰、厚尾的特征，不满足正态分布的假设。金融时间序列尤其是高频金融数据，其残差序列的方差有着重要的经济意义，它是衡量风险的，因此，如何对金融时间序列相关模型的残差序列进行建模分析，不仅是学术界的热点问题，也是市场营运者和风险管理人员的关注点。而正式提出金融序列波动性模型的主要贡献者，当属 Robert Engle 和 Tim Bollerslev 了。Engle（1982）提出了用于刻画金融时间序列波动性的自回归条件异方差（autorgressive conditional heteroskedasticity，ARCH）模型，成为分析金融时间序列的基准模型（benchmark model）。Bollerslev（1986）在 Engle（1982）的基础上，提出了广义自回归条件异方差模型（generalized ARCH，即 GARCH）。目前，GARCH 族模型已经成为研究金融市场收益率波动性的最常用模型。然而，随着经济全球化和金融一体化程度的不断提高，研究不同市场之间的相互关系变得十分必要。因此，需要将单变量 GARCH 模型扩展成多变量 GARCH 模型。常用的多变量 GARCH 模型主要有 VECH 模型、对角 VECH 模型、BEKK 模型、CCC 模型等，但它们普遍存在待估参数过多、计算过于复杂、经济意义不明确等缺点，而 Engle and Sheppard（2001）提出的动态条件相关多元 GARCH 模型（DCC-MGARCH）就很好地弥补了这些缺陷。

第一节　DCC-MGARCH 模型的研究背景[①]

一　从 ARCH 模型到 GARCH 模型的发展

ARCH 模型是最简单的条件异方差模型，成为刻画市场波动性、描述市场风险以及资产定价等的有力工具，ARCH 模型的核心思想是假设误差项在 t 时刻依赖于（t-1）时刻的误差平方的大小，这一假设使 ARCH 模型较好捕捉了金融时间序列数据的异方差现象。ARCH 模型建模需考虑两个回归过程，一个是原始的回归模型（也称为条件均值回归模型），另一个是方差回归模型（也称为异方差回归模型）。

最简单的模型是 ARCH（1），其基本组成形式如下：

$$y_t = x_t^{'}\varphi + u_t, u_t \sim N(0,\sigma_t^2) \tag{2.1}$$

$$\sigma_t^2 = E(u_t^2 \mid u_{t-1})$$

$$= \alpha_0 + \alpha_1 u_{t-1}^2 \tag{2.2}$$

其中，y_t 和x_t 分别表示因变量和自变量，u_t 表示无序列相关性的随机扰动项。

扩展到 ARCH（p）形式，即

$$y_t = x_t^{'}\varphi + u_t, u_t \sim N(0,\sigma_t^2) \tag{2.3}$$

$$\sigma_t^2 = E(u_t^2 \mid u_{t-1}, u_{t-2}, \cdots)$$

$$= \alpha_0 + \alpha_1 u_{t-1}^2 + \cdots + \alpha_p u_{t-p}^2 \tag{2.4}$$

ARCH 模型由于明确的经济含义及对市场波动的准确刻画，得到了广泛的应用，实际应用中也证实了它的有效性。但在 ARCH（p）模型的回归估计中，常常需要很多的滞后阶数才能起到较好的拟合效果，这就不可避免地增加了待估参数的个数。而 Bollerslev（1986）通过在 ARCH 模型中引入 σ_t^2 自身的滞后项，用以替代很多个 u_t^2 的滞后项，这就是 GARCH 模型。此后，学者们对 GARCH 模型作了改进，提出 GARCH-in-Mean、EGARCH、TGRCH、PGARCH、CGARCH、QGARCH 以及多变量 GARCH 等一系列推广模型，这些拓展模型与原有的 ARCH 模型构成了一套比较完整的 GARCH 族计量模型体系。下面简单介绍

---

① 本部分参考张成思《金融计量学——时间序列分析视角》，中国人民大学出版社 2012 年版。

GARCH（q，p）模型，其中，q 表示 GARCH 项中的滞后阶数，p 表示 ARCH 项中的滞后阶数，这样 GARCH（q，p）基本模型如下：

$$
\begin{aligned}
y_t &= x_t^{'}\varphi + u_t, u_t \sim N(0, \sigma_t^2) \\
\sigma_t^2 &= \alpha_0 + \alpha_1 u_{t-1}^2 + \cdots + \alpha_p u_{t-p}^2 + \beta_1 \sigma_{t-1}^2 + \cdots + \beta_q \varepsilon\sigma_{t-q}^2
\end{aligned}
\tag{2.5}
$$

GARCH 模型在金融市场中的用途十分广泛。比如人们可以通过形成长线投资收益均值的加权平均（常数）、上一期的预测方差（GARCH 项）和在以前各期中观测到的关于波动性的信息（ARCH 项）来预测本期的方差。如果自查收益的变化特别大，那么对下期方差的预期也会增加。而且，GARCH 模型能很好地模拟股票收益率波动的集聚性特点。然而，随着经济全球化和一体化，不同金融市场之间的联系越来越密切，对不同市场间或不同资产、影响因子之间的相关性研究变得十分必要，单变量 GARCH 模型已经不能满足需要。因此，学者们又将单变量 GARCH 模型发展成多元 GARCH 模型族。

二　多变量 GARCH 模型的发展和研究现状

1. 多变量 GARCH 模型的发展

相比传统的单变量 GARCH 模型只能刻画单一金融资产风险的纵向传递，多元 GARCH 模型不仅能刻画多个金融资产沿时间方向的波动集聚，还能有效捕捉不同金融资产之间的风险交叉传递，因此，多元 GARCH 模型是研究金融市场中不同变量、不同因素间的相互影响和相关关系的一个很好的工具。

2. 多变量 GARCH 族模型

Bollerslev 等（1988）最早利用类似 GARCH 的模型形式研究向量波动过程，提出一个多元 GARCH 模型，即 VEC 模型，具体形式如下：

$$Y_t = M_t + \varepsilon_t$$

$$\varepsilon_t | \Omega_{t-1} \sim N(0, H_t)$$

$$Vech(H_t) = W + \sum_{i=1}^{q} A_i Vech(\varepsilon_{t-i}\varepsilon_{t-i}) + \sum_{j=1}^{p} B_j Vech(H_{t-j})$$

$$= W + A(L)\ Vech(\varepsilon_t \varepsilon_t) + B(L)\ Vech(H_t)$$

其中，Y_t 为 N 维列向量，M_t 为 Y_t 的条件期望；A_i 和 B_j 是 $\frac{N(N+1)}{2}$

维方阵。A（L）和 B（L）分别为 q，p 阶滞后算子多项式；W 是 $\frac{N(N+1)}{2}$ 向量，是条件方差（协方差）方程中的截距项；Vech（·）是一个算子，定义为将一 N 阶方阵的下三角部分拉直成一个 $\frac{N(N+1)}{2}$ 维的向量。

VEC 模型需要估计的参数很多，估计过程复杂；而且，$Vech(H_t)$ 形式更重要的缺陷在于，对 Ht 的参数化过程难以保证 Ht 的正定性，而 Ht 的正定对 MVGARCH 的理论分析又至关重要。从参数简化和正定性角度出发，Bollerslev（1988）等提出了一种简化的对角 VEC-GARCH 模型，其中，矩阵 A_i 和 B_j 被假设为对角矩阵，在这种情况下，能够得到满足所有 Ht 正定性的条件，但是简化后的模型也同样简化了多个变量之间的相关关系，因而无法研究多个市场之间波动性的相关关系。

为了保证条件协方差矩阵的正定性，Engle 和 Kroner（1995）在 Baba（1991）基础上提出了 BEKK 模型，这个模型利用 A_i 和 B_j 的二次型来保证条件协方差矩阵的正定性，但该模型系数矩阵的解释存在一定的困难，此模型存在参数识别的问题。

后来，Bollerslev 在 1990 年提出一个常相关多元 GARCH 模型（CCC-MGARCH），这个模型参数估计方便，经济意义明确，但是它假设任何两个或多个资产之间的相关性是不变的，这就大大局限了该模型的适用范围。

CCC 模型假设各时间序列之间相关系数为一个固定常数，这与现实经济特征不太吻合。现实世界中，各市场或各个资产之间风险传递强度在各个时期不尽相同，如果假定其不变，固然简化了模型，但简化也带来模型功能上的损失（不能捕捉序列间动态相关特征）。针对 CCC 模型的缺陷，Engle 及其他学者相继提出一些改进模型，它不仅能够克服参数估计过于复杂、经济意义不明确的问题，而且可以捕捉多个资产间的动态相关性特征，这就是 DCC-MGARCH 模型。

3. DCC-MGARCH 模型的提出

DCC-MGARCH 模型全称动态条件相关多元广义自回归条件异方差模型（Dynamic Conditional Correlation Multivariate GARCH）。前面介绍的几种多变量 GARCH 模型，用于研究多个时间序列的波动特性和相关关系，但它们在参数估计、经济意义解释等方面存在着一些缺陷，为了更好地研究多个时间序列的波动情况，Engle 和 Sheppard（2001）、Engle（2002）提出了一种新的估计量——动态条件相关系数（DynamicConditionalCorrelation），由这一估计量构成的 DCC-MGARCH 模型与以前的多变量 GARCH 模型相比较，不仅具有良好的计算优势，可以用来估计大规模的相关系数矩阵，而且可以很好地研究在不同时期的市场信息、政策导向等因素的影响下，多个市场之间或者同一市场多个资产之间的动态相关关系。

DCC-MGARCH 模型能够用于研究市场之间的动态相关性，发现市场之间是否有价格波动外溢的现象。所谓价格波动外溢是指一个市场由于受到政策、信息等影响所产生的价格波动会传递至其他市场，从而引起市场之间波动相关性的改变。

此外，随着投资种类与投资市场的多样化及规避风险重要性的提高，采用常相关系数（CCC）来衡量投资组合的风险值，会造成高估或低估的情况，而利用 DCC-MGARCH 模型所估计出来的动态条件相关系数（DCC）来计算投资组合的风险值，能够更好地反映出市场间的相关性质对投资组合的影响，特别是在市场波动明显的时期。

第二节　DCC-MGARCH 模型的建立与估计方法

DCC-MGARCH 模型主要由 2003 年诺贝尔经济学奖得主 Engle Robert F. 提出，Engle and Sheppard（2001）将 DCC 的估计简化成两个步骤：第一阶段利用单变量的 GARCH 模型估计出多个市场的条件变异系数，第二阶段则是利用标准化后的残差估计动态条件相关系数模型的参数。该模型的优势在于可以有效计算大规模变量之间的时变相关系数矩阵，从而良好地阐述变量间的波动性关系。

一　DCC-MGARCH 模型的建立

如果 h 种资产的回报率的信息 $\{\varepsilon_t\}$ 为独立同分布的白噪声过程，服从均值为 0，协方差矩阵为 Ht 的多元正态分布，即 $\varepsilon_t \mid I_{t-1} \sim N(0, H_t)$，$I_{t-1}$ 为 r_t 在 t 时刻的信息集。运用 DCC-MGARCH 模型进行实证检验的具体步骤如下：

1. 建立 h 元 VAR 模型，h 为变量个数，该 VAR 模型将每个变量作为内生变量滞后值，可测算出多个收益率同期发展时相互影响的残差序列。

$$r_t = \delta + \Phi_1 r_{t-1} + \cdots \Phi_n r_{t-n} + \varepsilon_t \tag{1}$$

r_t 为 h 维收益率列向量，δ 为 h 维常数截距项，n 为其滞后阶数，ε_t 为 h 维残差列向量，其彼此间可以同期相关，但不与本身滞后项相关，也不与收益率滞后项相关，Φ_1 为变量之间的系数矩阵 。建立 VAR 模型的主要目的在于过滤各变量的收益率，因为各变量的收益率一般来说存在一定的趋势性，其收益率序列也较多存在自相关性，因而不能建立 GARCH 模型。故对各变量收益率建立 VAR 模型，将收益率的残差序列分离出来，可以较好地拟合 GARCH 模型。

2. 获取经过滤的变量残差 ε_t 后可利用 GARCH 模型估计其参数，利用所得的条件方差剔除残差后可得其标准化残差序列，但在估计 DCC-MGARCH 的参数之前，根据 DCC-MGARCH 模型的假设，（1）式所获取的 ε_t 必须符合以下条件：

$$\varepsilon_t \mid I_{t-1} \sim N(0, H_t) \tag{2}$$

$$H_t = D_t R_t D_t \tag{3}$$

$$R_t = (Q_t^*)' Q_t (Q_t^*) \tag{4}$$

$$Q_t = (1 - \sum_{m=1}^{M} \alpha_m - \sum_{n=1}^{N} \beta_n)\bar{Q} + \sum_{m=1}^{M} \alpha_m \varepsilon_{t-m} \varepsilon'_{t-m} + \sum_{n=1}^{N} \beta_n Q_{t-n} \tag{5}$$

$$\bar{Q} = \frac{1}{T} \sum_{t}^{T} \varepsilon_t \varepsilon'_t \tag{6}$$

式（2）含义为 h 个变量收益率服从均值为 0，方差为 H_t 的多元正态分布，H_t 为残差序列的方差矩阵。R_t 为该矩阵的时变相关系数矩阵，时变相关系数阐述变量之间随着时间的变动的动态相关关系。式（6）表示标准化残差的无条件方差矩阵，$Q_t^* = (diag\, Q_t)^{-1/2}$，$D_t$ 为满足 $D_t = diag(\sqrt{hit})$ 的对角矩阵，h_{it} 为矩阵 H_t 对角线上的第 i 个元素，系数 α_m 和 β_n 为 DCC 模型的待估计参数（m 表示标准化残差平方的滞后阶数，n 表示自相关项的滞后阶数，即考察前期残差的影响程度）。α_m 的含义为现有信息对下一期波动性的影响程度，值越大说明该市场对新信息的敏感度越高；β_n 指收益率波动的持续性，用来衡量现有的波动性趋势在未来消失的速度；如果 $\alpha_m + \beta_n$ 的值越接近于 1，则表明波动性趋势在未来维持的时间越长。

3. 在第一步获取单个变量 GARCH 参数后，计算标准化残差序列的协方差矩阵，GARCH 模型中的标准化残差为 σ_t'，即残差除以条件方差，其结果为标准化残差。对（2）至（6）式进行极大似然估计，利用第一步所获取的各参数对以下函数进行极大化计量，以获取 DCC 参数值：

$$QL^*(\varphi \mid \phi, R_t) = -\frac{1}{2}\sum_{t=1}^{T}[\log(|R_t|) + \varepsilon_t' R_T^{-1} \varepsilon_t] \tag{7}$$

其中 ϕ 为第一步所获取的各单变量 GARCH 参数，R_t 为时变相关系数矩阵，经过（7）式的极大似然估计后，可得系数 α_m 和 β_n 的值，代入式（5）、式（4），可计算出 R_t，其元素 $\rho_{ij,t} = \frac{r_{ij,t}}{\sqrt{r_{ii,t}\, r_{jj,t}}}$ 即为每期的动态相关系数，系数序列即为变量之间的时变相关系数序列。

二　DCC-MGARCH 模型的估计

DCC-MGARCH 模型可以通过两个步骤来估计得到：首先是估计每一资产的单变量 GARCH 过程；其次是使用前一步骤所估计出的标准化残差估计动态条件相关系数。在估计 DCC-MGARCH 模型之前，首先要对数据进行预处理，建立 VAR 方程分离出每个序列的残差，然后对每个序列的残差进行 GARCH 检验，估计出参数，利用 GARCH 模型的标准化残差估计 DCC-MVARCH 系数，最后得出动态相关系数图。

由于上述工作量比较大，因此要求用 MATLAB 编写函数，主要用到的函数为 DCC_ MVGARCH（data，archP，garchQ）①，下面就函数的用法和输出结果加以说明：

1. 函数：

Function [parameters，Ht，Qt，stdresid，stderrors，A，B] = dcc_ mvgareh（data，dccP，dccQ，archP，garchQ）

2. % 输入项：

% data：一个经过零均值处理的 t × k 维的残差向量；

% archP：一个 txk 维的向量，向量里每个因素分别表示第 i 个时间

① 感谢暨南大学吕亮雯无私提供的源程序。

序列的残差项的滞后阶数；

%garchQ：一个 txk 维的向量，向量里每个因素分别表示第 i 个时间序列的方差的滞后阶数。

3. %输出结果：

%parameters：输出估计参数，包括每个时间序列 GARCH 过程的参数和 DCC 参数；

%Ht：条件方差的数据组；

%stdresid：多变量标准化残差；

%Hmat：txk 维条件方差矩阵；

%tderrors：估计参数的标准化误差；

%A：GARCH 过程中残差项的估计系数矩阵；

%B：GARCH 过程中条件方差项的估计系数矩阵。

第三章　人民币离岸市场与在岸市场汇率的动态相关关系研究

本次金融危机以来，中国政府有意识地加速了人民币国际化的进程，从人民币跨境贸易结算试点安排到《前海跨境人民币贷款管理暂行办法》的出台，人民币已经成为最具国际化潜力的新兴市场货币。人民币国际化取得的长足进展离不开香港人民币离岸金融中心的支持，在我国资本账户尚未完全开放的情况下，香港人民币离岸市场成为人民币国际化的桥头堡和试验田。香港离岸市场（简称“CNH 市场”）快速发展始于 2010 年 7 月，此后与在岸市场（简称“CNY 市场”）的联系不断增强，在岸市场和离岸市场之间的反馈机制（feedback channels）开始逐渐形成。目前市场主体可以在 CNH 和 CNY 两个市场进行套利和套汇交易，离岸市场交易者会从在岸市场价格中推断出一些政策信号，而在岸市场交易者也会认为离岸市场汇率能够更好地反映国际市场情况，因为后者与国际金融市场融合程度更高。此外，1996 年就开始出现的境外人民币无本金交割远期外汇市场（简称“NDF 市场”），该市场汇率反映了海外对人民币升（贬）值的预期，基本不受管制，也可以为参与者提供套利机会。因此，NDF 市场对于在岸市场和香港离岸市场也可能存在价格引导作用。那么，人民币三个不同市场的价格是如何相互影响的？CNH 市场的发展对我国人民币汇率形成机制改革是否起到促进作用？基于上述考虑，本章将从实证角度研究三个市场汇率之间的相互联系和波动溢出效应。随着人民币国际化进程的加速，研究人民币离岸市场与在岸市场的内在联系，深入探究三个市场汇率之间的同步运动（co-movement）趋势，不仅有利于研究人民币汇率的价格发现规律，也有助于我们保护本币免受投机性冲击，为政策制定者制定灵活的相机决策提供参考，以促进中国汇率制度的改革。

本章的结构安排如下：第一部分是文献综述；第二部分是 DCC-MGARCH 模型的主要假设及具体设定；第三部分是人民币离岸市场发展的情况及数据特征；第四部分是实证研究的过程及主要结果；第五部分是研究的主要发现及政策建议。

第一节　文献综述

金融市场的信息传递问题一直是学术界关注的焦点之一，学者们对不同市场间交互作用的研究兴趣起源于有效市场假设，在该假设下，价格能迅速调整到新的均衡而不存在时滞。然而，在现实世界中，由于存在交易成本和信息不对称等市场摩擦，不同市场之间往往存在着价格引导关系（lead-lag relationship），因此研究多个市场之间的动态影响关系（或称为时变相关关系）非常必要。在实证研究中，由于金融市场波动的“尖峰”和“厚尾”等分布特征，采用传统方法很容易得出“有偏”和“不一致”的估计结果，而 GARCH 族模型采用条件异方差建模方法，较好地刻画了金融资产波动的聚类现象，加强了当前信息冲击的敏感性，能够克服无条件方差遗漏特定时点信息的缺陷。过去 20 多年里，学者们将单变量 GARCH 模型扩展到 VECH、BEKK-GARCH、CCC-GARCH 等模型；Engle 和 Sheppard（2001）、Engle（2002）意识到常相关系数假定的不合理性，开发了包含动态相关系数的多元 GRACH（Dynamic Conditional Correlation Multivariate GARCH）模型，即 DCC-GARCH 模型，由于具有良好的分析功能，该模型被广泛应用于股票市场、外汇市场等诸多领域。

研究人民币不同市场间的关系的成果已经比较丰富，但早期的研究主要集中在人民币 CNY 市场与 NDF 市场上。Colavecchio 和 Funke（2008）发现了人民币 NDF 市场与其他亚洲货币 NDF 市场之间存在波动溢出效应的证据。黄学军和吴冲锋（2006）运用 Granger 因果检验方法研究了 CNY 市场汇率与 NDF 市场汇率的报酬溢出效应和相互引导关系，发现 2005 年人民币汇率制度改革使境内外市场的相互作用加强，且即期市场显现出本土信息优势。代幼渝和杨莹（2007）运用 Granger 因果检验方法考察了人民币 CNY 市场、NDF 市场和 DF 市场（Deliverable Forward，人民币本金可交割市场）间的汇率变动的相互引导关系，结果显示：即期市场和 DF 市场能够引导 NDF 市场的汇率走势，且境内市场更具有信息优势。徐剑刚等（2007）则采用 MA（1）-GARCH（1，1）模型考察了人民币 NDF 市场和 CNY 市场间的均值溢出效应和波动溢出效应，结果发现 CNY 市场对于 NDF 市场不具有均值溢出效应，而 NDF 市场对 CNY 市场具有均值溢出效应，即人民币汇率在改革后存在人民币 NDF 市场的信息向 CNY 市场的传导机制，这一结果不同于前两篇文献得出的人民币境内对境外市场具有信息优势的结论。李晓峰和陈华（2008）则运用 Granger 因果检验和 BEKK-GARCH 模型研究了人民币 CNY 市场、NDF 市场、人民币境外期货市场两两之间的均值和波动溢出效应，结果表明：境外期货市场对 CNY 市场不具有溢出效应，NDF 市场对 CNY 市场存在着显著的均值溢出效应，CNY 市场对境外衍生市场仅具有滞后的均值溢出效应，境外 NDF 市场的价格引导力量强于 CNY 市场和期货市场。

由于 CNH 市场是最近发展起来的，国内外关于 CNH 市场的研究较少。Ding 等（2012）建立 VAR 模型，通过广义方差分解和广义脉冲响应函数分析方法研究在岸市场和离岸市场之间价格发现问题，结果表明：CNH 即期市场与 CNY 即期市场之间不存在价格发现机制，但是 CNY 即期市场与 NDF 市场之间存在价格引导关系。贺晓博和张笑梅（2012）通过构建 VAR 模型，运用协整检验、格兰杰因果关系检验、脉冲响应函数和方差分解等方法研究境内外人民币外汇市场价格引导关系，结果表明，境内人民币即期价格引导香港人民币即期价格，而香港的人民币可交割远期价格对境内远期价格开始产生一定的影响，而 NDF 市场对香港和境内人民币价格存在较强的影响。由于研究不同市场之间的价格波动传递的实质是探讨市场波动因子的“方差—协方差”矩阵，而 DCC-MGARCH 模型研究市场之间的动态相关性，可以很好地满足研究需要。鉴于尚未发现有文献讨论 CNY、CNH、NDF 市场之间的时变相关系数，因此笔者拟采用 DCC-MGARCH 模型探讨人民币 CNY 市场、CNH 市场与人民币 NDF 市场远期汇率之间的动态相关关系。

第二节　人民币汇率改革及中国外汇市场的基本结构

我国的人民币汇率体制改革大体经历了以下几个阶段：新中国成立

以来至十一届三中全会以前，人民币汇率由国家实行严格的管理和控制，实行单一汇率制。1979—1993年期间先后经历了“官方汇率与贸易外汇内部结算价并存”和“官方汇率与外汇调剂价格并存”的汇率双轨制时期。1994年1月1日实现人民币官方汇率和外汇调剂价格正式并轨；建立以市场供求为基础的、单一的、有管理的浮动汇率制；取消外汇留成，实行结售汇制度；建立全国统一的外汇交易市场。1996年12月我国实现人民币经常项目可兑换，从而实现了人民币自由兑换的重要一步。2005年7月21日，我国对完善人民币汇率形成机制进行改革，人民币汇率不再盯住单一美元，实行以市场供求为基础、参考一篮子货币进行调节、有管理的浮动汇率制度。此次汇改以后，人民币总体呈升值趋势。2010年6月19日，中国人民银行宣布重启自金融危机以来冻结的汇率制度，进一步推进人民币汇率形成机制改革，增强人民币汇率弹性。2012年4月14日：人行决定自2012年4月16日起，银行间即期外汇人民币兑美元交易价浮动幅度，由0.5%大至1%。

1993年12月国务院正式颁布了《关于进一步改革外汇管理体制的通知》后，形成了在岸人民币银行间交易市场（CNY市场），该市场目前为主要的人民币交易途径，即期市场交易规模超过百亿元人民币，反映国内银行间市场外汇的供求信息。1996年人民币无本金交割远期汇率（Non-Deliverable Forward，简称为NDF）出现，形成NDF市场，其诞生主要源自一国外汇管制致使非居民无法参与境内衍生品市场从而无法有效管理其持有该国货币头寸所带来的风险的影响。目前该市场拥有1个月、2个月、3个月、6个月、9个月和12个月的交易产品，日均交易量在30亿—50亿美元（伍戈、裴诚，2012）。2010年7月，中国人民银行与香港金融管理局就扩大人民币贸易结算安排签订合作备忘录后，香港人民币离岸市场（CNH市场）形成，目前CNH市场的主要产品类型为即期、远期、期权、债券、基金及结构性产品，日成交量也已经达到30亿—50亿美元，接近甚至超过NDF市场。

下图描述了我国人民币外汇市场的基本结构，从中可以看出，人民币目前属于一种货币、两个市场和三种价格曲线的状况。人民币在在岸市场和离岸市场都有交易，通过贸易渠道和金融渠道，这些市场之间的相互联系已经比较紧密，但是市场还没有完全融合成为一个市场，图3.1中虚线框线表示CNY市场的资本管制。虽然三个市场拥有不同的市场参与者、不同的监管机构以及不同的价格形成机制，但是三者之间仍然存在着很多的相互关联。

首先，CNY 市场上人民币资本账户下不可自由兑换，跨境资本流动主要局限于 FDI、QFII、RQFII 和 QDII 等以及一些非正规渠道。因此，CNY 市场人民币汇率很大程度上是由于贸易流动和在岸市场的供给和需求来决定的。然而，货币当局的干预对汇率的决定所起到的影响是不可忽视的（Wang，2010）。CNH 市场是在中国大陆以外第一个可以合法经营人民币的法域（jurisdiction），允许进行人民币本金交割。更为重要的是，该市场是相当自由的，市场的管理都是在宏观层面的，并不进行之间的汇率干预。CNH 市场的供给通过管理人民币跨境流动渠道而被间接调整，这些渠道包括人民币贸易结算（CNH 市场供给大部分来自贸易结算）、中央银行货币互换、个人在港购买以及其他各种形式的人民币投资计划。其次，在 CNH 市场出现以前，NDF 市场是在离岸市场提供的规避人民币的汇率风险的创新工具，当然交割是以美元结算的而非人民币现金结算的。

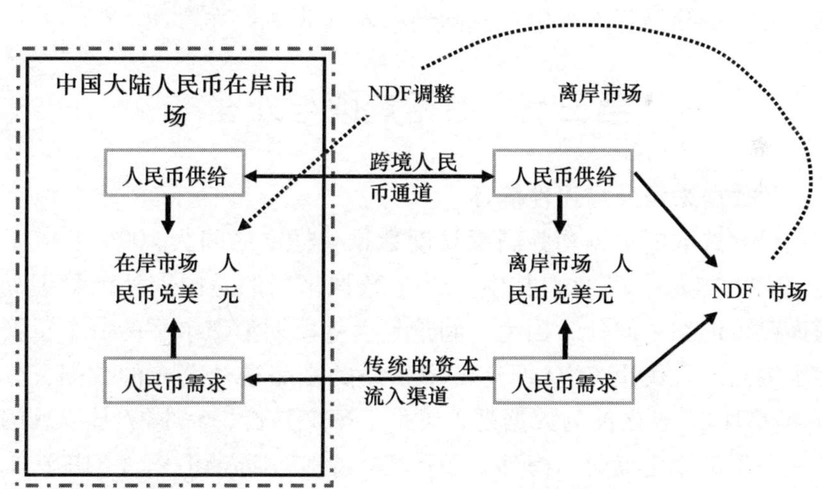

跨境人民币通道：
1. 香港个人转换；2. 人民币贸易结算；3.RQFII；4.RMB对外投资和 ODI；5. 银行间债券投资；6. 央行互换额度。
传统的资本流入渠道：1.FDI；2.QFII。

图 3.1　人民币在岸市场与离岸市场之间的资本流动

NDF 市场虽然不直接与在岸人民币市场联系，但由于 NDF 的定价机制是以当日 CNY 市场的中间价为基准的，因此，NDF 市场一直被视作 CNY 汇率未来预期的可靠指标，NDF 市场反映的国际投资者预期也会间接影响到 CNY 市场参与者的决策。最后，NDF 市场与 CNH 市场的参与者基本上是重合的，两者的区别是否需要人民币本金交割，两个市场的价格信息都反映了对人民币汇率和利率的预期。

从上述分析可以看出，交易者可以在三个市场中进行部分的套利和套汇活动，企业的微观行为将两个市场的价格紧密联系在一起。可能存在的情形之一是：当香港人民币现汇价格高于内地人民币现汇价格时，内地出口商将选择在内地出售出口所获美元，而内地进口商将选择在香港购入进口所需美元。当香港人民币现汇价格低于内地人民币现汇价格时，内地出口商将选择在香港出售出口所获美元，而内地进口商将选择在内地购入进口所需美元（张明、何帆，2012）。可能存在的情形之二是：当市场上存在持续的人民币升值预期时，香港市场上的企业或金融机构借入美元贷款并将之兑换成人民币，同时在远期市场上卖出人民币、买入美元。该套汇行为的收益率等于人民币汇率实际升值幅度，再减去美元贷款利率与人民币存款利率之差（张斌、徐奇渊，2012）。

第三节　数据选取与处理

一　数据来源及描述性统计

本研究选取的数据均为高频日度数据，样本区间为 2006 年 8 月 23 日至 2012 年 12 月 24 日。其中，CNY 数据采用的是国家外汇管理局公布的人民币汇率中间价，因为中间价是衡量即期汇率水平的一个重要指标。香港离岸人民币 CNH 即期汇率采用的是路透社公布的数据，其中 2011 年 6 月 27 日之前的数据是人民币汇率交易价，6 月 27 日以后的数据是人民币汇率定盘价。海外人民币无本金交割远期汇率（NDF）采用的 Wind 资讯公布的 6 个月 NDF 远期汇率数据，之所以选择 6 个月的 NDF 市场汇率，主要考虑本研究的着眼点是 CNY 即期汇率与 CNH 即期汇率以及 NDF 远期汇率之间的关系，因此选择较短时间的 NDF 市场汇率。本模型研究所需数据为收益率序列，其收益率序列采取对数差分形式获得。根据统计，三个市场各有原始数据 1630 个，经过对数差分后各有 1629 个数据。

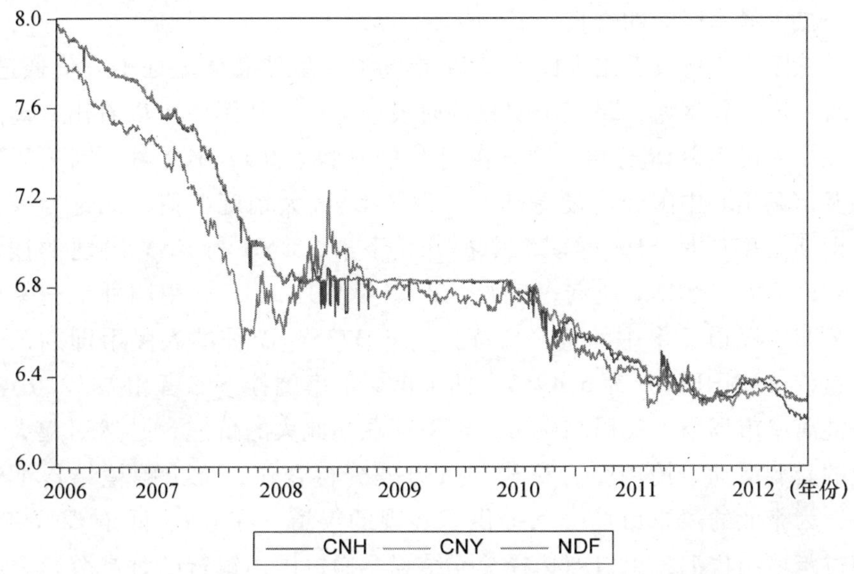

图 3.2　CNY、CNH、NDF 市场的名义汇率收盘价时序图

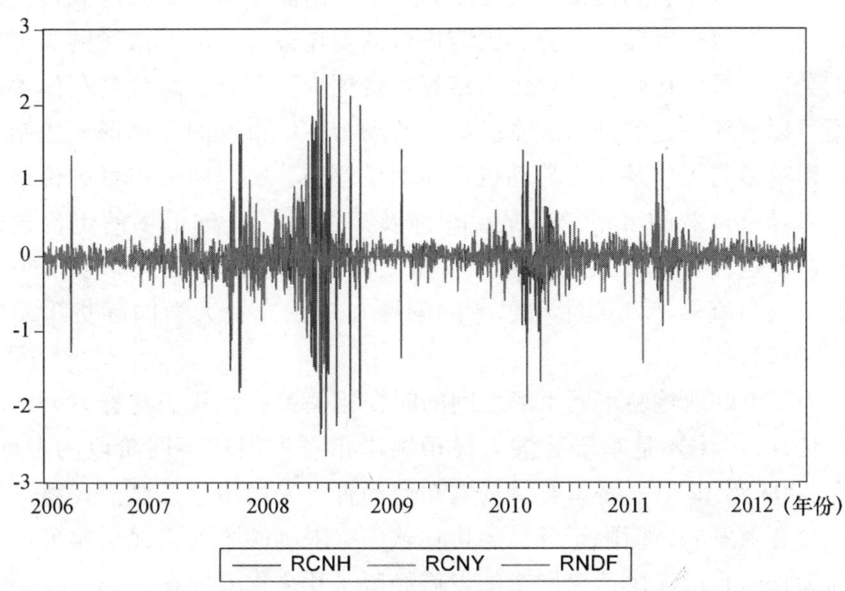

图 3.3　CNY、CNH、NDF 市场的名义汇率对数差分收益率时序图

数据来源：wind 资讯。

二　样本区间的选择

从图3.2可以看出人民币CNY市场汇率虽然总体上处于升值通道，但有一段比较平稳，呈现出明显的阶段性特征。从图中可以看出，离岸和在岸人民币总体上都呈现逐渐升值的趋势。2011年9月，因美元转强及市场担心中国经济硬着陆，促发了CNH大幅度贬值，无论是人民币即期汇率还是NDF远期汇率都开始下滑，CNH与CNY出现倒挂情况，即CNH比CNY便宜。例如，2011年9月26日，中国外汇交易中心公布人民币汇率中间价（CNY）为6.3735，而香港人民币即期汇率定盘价（CNHFIX）为6.4955，两个市场汇率倒挂，二者相差1220点。香港离岸市场与人民币在岸市场汇率存在如此大的价差，必然引起大规模的套利活动。境内金融机构与其海外分行合作，推出跨境结售汇业务，为企业的离岸市场套利提供了实现的渠道。在CNH低于CNY时，通过跨境结售汇，出口商选择美元结算。通过国内银行的香港分行将出口得到的美元收入在离岸市场出售，可以获得比直接用人民币结算更多的人民币收入，套利使得用美元结算的出口商能够得到更高的收益。而进口商也愿意选择美元结算，因为进口商委托银行在离岸市场购买更便宜的美元，可以比直接用人民币结算花费更少的资金，跨境套利使得进口商可以节约一定的进口成本。离岸市场与在岸市场的汇率形成机制不同，市场参与主体及其交易动机存在明显差异，所以两个市场的价格发生背离是很自然的事情。但是由于涉及人民币在全球市场的定价权问题，所以这种背离现象以及两个价格之间是否存在相关关系或因果关系，就成为值得特别关注和思考的问题（中国人民大学国际货币研究所，2012）。

为了更好地检验不同市场之间的时变相关关系，我们将样本分区间进行估计，① 主要是基于香港人民币离岸市场发展的不同阶段的考虑。早在2003年12月，香港金管局宣布启动香港人民币业务试点，离岸市场取得有限发展，但限于低息零售存款、有限制的个人人民币服务。到目前为止，香港人民币离岸市场发展经历了几个重要时期：第一，2009

① 分区间的研究仅报告DCC模型的估计参数及动态相关系数图，其他检验步骤参见附录2。

年7月1日，开始跨境贸易人民币结算试点启动，香港成为跨境贸易人民币结算的境外试点地区，开始经营人民币贸易结算与融资，这是香港人民币离岸业务发展的标志性事件之一。第二，2010年7月19日，中国人民银行分别与香港金融管理局和中国银行（香港）有限公司，就香港人民币业务发展再次修改了《清算协议》及补充合作备忘录两份重要文件。香港的银行开设人民币账户和提供各类服务不再有限制，个人和企业相互之间可以通过银行自由进行人民币资金的支付和转账。自此，香港人民币（CNH）的市场基础得以形成，包括人民币即期和远期等交易在内的日均交易量达到20亿—40亿美元，香港离岸人民币业务的发展取得新的重要突破。2010年7月人民币在香港里程碑式的发展，使人民币对美元汇率形成了第三种价格，即香港离岸人民币对美元汇率（CNH市场汇率）。第三，从2011年6月27日开始，香港财资市场公会正式推出人民币对美元的即期汇率定盘价，定盘价作为香港离岸人民币对美元的市场汇率基准价格，使得香港离岸市场上的定价更为透明。可以认为定盘价将对香港人民币离岸业务扩展产生关键作用，并强化香港作为离岸人民币中心的角色。因此，根据上述香港人民币离岸市场发展的主要标志性事件，本部分的研究将样本区间分为四段：2006年8月23日—2009年7月1日为第一区间；2009年7月2日—2010年7月19日为第二区间；2010年7月20日—2011年6月27日为第三区间；2011年6月28日—2012年12月24日为第四区间。

第四节　实证研究与主要结论

本模型研究对象为在岸人民币（CNY）即期汇率收益率、香港离岸人民币（CNH）即期汇率收益率与海外人民币无本金交割（NDF）远期汇率收益率之间的相互关系。

一　描述性统计分析与平稳性检验

虽然本研究的标的物都是人民币对美元的汇率，但是从实际数据来看，三者的走势却存在较大的差异，在某些时刻，三者之间甚至存在相反的走势。表3.1与图3.3给出了对三个收益率数据的基本统计描述，从表3.1可以看出，三个收益率序列的均值很接近，说明三者之间存在一定的同向变动趋势。在样本考察期间，CNY 即期汇率、CNH 即期汇率、NDF 远期汇率总体均处于持续的上升期。从均值与标准差来看，CNY 即期汇率的收益率最平稳，这与中国外汇市场采取的有管理的浮动汇率制度有关，CNH 即期汇率的波动最大，收益最高。偏度结果说明 CNY 即期汇率与 NDF 远期汇率的日收益率大于均值的天数比较少，峰度显示 CNH 即期汇率出现极端值的天数比较多。从 JB 统计量来看，三个收益率序列均不服从正态分布。从图 3.3 来看，三个对数差分收益率序列均在一定的水平线上波动，无明显的趋势，因此可对三个序列进行不带趋势项的 ADF 检验。通过对序列本身进行不带常数项的单位根检验，并依次选取不同的滞后项，直至取到 24 阶滞后阶数，结果均拒绝原假设，序列平稳。从表中 ADF 检验结果可以看出三个 T 统计量均很大，并且 P 值非常小，可在 1% 的显著水平上拒绝零假设，即三个序列不存在单位根，三者均平稳。

表 3.1　　三个市场对数差分收益率序列统计性描述及 ADF 检验

	RCNY	RCNH	RNDF
均值	-0.014530	-0.015139	-0.013201
中位数	-0.001465	-0.007323	-0.007344
标准差	0.086167	0.312639	0.236883
偏度	-0.454439	-0.033438	0.128120
峰度	5.680151	31.21351	17.57671
JB 统计量 (P 值)	543.2955 (0.00000)	53995.76 (0.00000)	14417.71 (0.00000)
ADF - T 统计量 (P 值)	-41.06677 (0.0000)	-38.12830 (0.0000)	-29.88869 (0.0000)

二　对市场之间报酬关系溢出效应的格兰杰因果检验

考察变量之间的传递效应一般可采用格兰杰因果检验进行方向判断，以确定变量之间的影响先后关系。从图 3.2 上可看出三者之间存在一定的联动效应，可认为三者之间存在波动溢出效应，因此可采用格兰杰因果检验以考察三个收益率之间的影响与被影响的关系。下面采用 1—7 阶的格兰杰因果检验来对三组收益率的关系进行分析：

表 3.2　　　　**基于 1—7 阶滞后阶数的格兰杰因果检验**

原假设	P 值						
	滞后 1 阶	滞后 2 阶	滞后 3 阶	滞后 4 阶	滞后 5 阶	滞后 6 阶	滞后 7 阶
RCNH 非 RCNY 格兰杰原因	0.0005	0.0021	0.0054	0.0118	0.0242	0.0393	0.0784
RCNY 非 RCNH 格兰杰原因	7.E－06	4.E－09	7.E－10	9.E－10	4.E－10	5.E－12	1.E－12
RNDF 非 RCNY 格兰杰原因	7.E－24	2.E－23	9.E－23	3.E－22	2.E－21	9.E－21	8.E－20
RCNY 非 RNDF 格兰杰原因	0.7198	0.3158	0.0741	0.0370	0.0522	0.0137	0.0300
RNDF 非 RCNH 格兰杰原因	1.E－13	8.E－16	2.E－15	4.E－15	2.E－14	5.E－15	5.E－15
RCNH 非 RNDF 格兰杰原因	0.6652	0.9482	0.0456	0.0312	0.0037	0.0040	0.0071

从表 3.2 可得，在 5% 的显著水平下，基本上可以认为 CNH 与 CNY 互为格兰杰原因，说明 CNY 市场与 CNH 市场互有影响，但 CNY 市场对 CNH 市场的影响更为明显，这表明人民币在岸市场与离岸市场之间的相互影响确实存在。NDF 是 CNH 和 CNY 的格兰杰原因，显著的均值溢出效应说明 NDF 价格能够影响 CNH 和 CNY 价格的变动；只有到 3 阶滞后时，CNH 即期汇率收益率的波动才能引起 NDF 远期汇率收益率的波动，说明两者在滞后 3 阶互为因果；而 CNY 与 NDF 之间的格兰杰因果关系在滞后 5 阶时才比较明显，说明海外人民币无本金交割（NDF）远期收益率的波动仍处于价格领先地位。

三　市场之间波动溢出关系研究

金融市场之间的信息流动关系比较复杂，既有线性的传导关系，也有非线性的波动溢出关系。为了考察三个收益序列的波动溢出效应，首先对三个对数差分收益率序列进行过滤。本模型拟对三个市场的对数差分收益率序列建立 VAR 模型。根据 AIC 和 SC 准则，建立如下 VAR 方程：

$$\begin{pmatrix} r_{cny,t} \\ r_{cnh,t} \\ r_{ndf,t} \end{pmatrix} = \begin{pmatrix} 0.00000195 \\ -0.0000202 \\ -0.0000184 \end{pmatrix} + \begin{pmatrix} -0.007330 & 0.014002 & 0.089073 \\ 0.258156 & -0.408777 & 0.207156 \\ -0.022439 & -0.007675 & 0.044810 \end{pmatrix} \begin{pmatrix} r_{cny,t-1} \\ r_{cnh,t-1} \\ r_{ndf,t-1} \end{pmatrix} + \begin{pmatrix} \varepsilon_{cny,t} \\ \varepsilon_{cnh,t} \\ \varepsilon_{ndf,t} \end{pmatrix}$$

其中 $r_{cny,t}$ 为 CNY 的对数差分收益率减去其均值的序列，$r_{cnh,t}$ 为 CNH 的对数差分收益率减去其均值的序列，$r_{ndf,t}$ 为 NDF 的对数差分收益率减去其均值的序列，根据该 VAR 模型可得三个市场的残差序列，对其进行 ARCH 检验显示三个残差序列均存在显著的 ARCH 效应，即残差项的条件方差依赖于前期残差值的大小，进而可对收益率序列进行单个 GARCH 模拟。

表 3.3 各残差序列基于 GARCH 族模拟的拟合结果

	CNY	CNH	NDF
C	0.000004 (0.000002)	0.018838 (0.00111)	0.00015 (0.00005)
ARCH（1）	0.265 (0.0158)	0.256 (0.016)	0.220 (0.0204)
ARCH（2）	-0.224 (0.0191)	-0.101 (0.005)	-0.186 (0.0215)
GARCH（1）	1.219 (0.1000)	0.188 (0.0239)	1.333 (0.1138)
GARCH（2）	-0.255 (0.0930)	0.487 (0.0137)	-0.370 (0.1038)
极大似然值	2057.07	57.71	473.55

注：GARCH 滞后阶数由 SC 最小准则确定，括号内为相应系数的标准差，表 3.3 计量软件为 Eviews7.0。

四 DCC 模型估计结果及动态相关关系图

根据上述 GARCH 族拟合结果，可得标准化残差，从而 DCC 模型的参数。为考察不同市场之间的相互影响的时变特征，我们将样本区间按照人民币离岸市场发展的标志性事件进行分段研究，具体的，本模型对

DCC 采取（1，1）的阶数，对 MVGARCH 采取（2，2）的阶数，对标准化残差序列进行参数估计，估计结果如下：

表 3.4　　**DCC 模型的参数估计结果**

RCNY、RCNH、RNDF	α_1	β_1
样本区间 1：2006.8.23－2009.7.1	0.1256	0.3278
样本区间 2：2009.7.2－2010.7.19	0	0
样本区间 3：2010.7.20－2011.6.27	0.0316	0.9610
样本区间 4：2011.6.28－2012.12.24	0.0422	0.9578

注：表 3.4 计量软件为 Matlab7.0。

从表 3.4 的估计结果来看，除了第二个样本区间，α 与 β 均显著不为零，说明滞后一期的标准化残差显著影响时变相关系数。其中，β 值在第三阶段开始接近于 1，说明汇率收益率波动性的影响持续性强。根据已得 α 与 β 等结果可绘制出 CNY、CNH、NDF 两两之间的时变相关系数图，如图 3.4、3.5、3.6、3.7 所示：

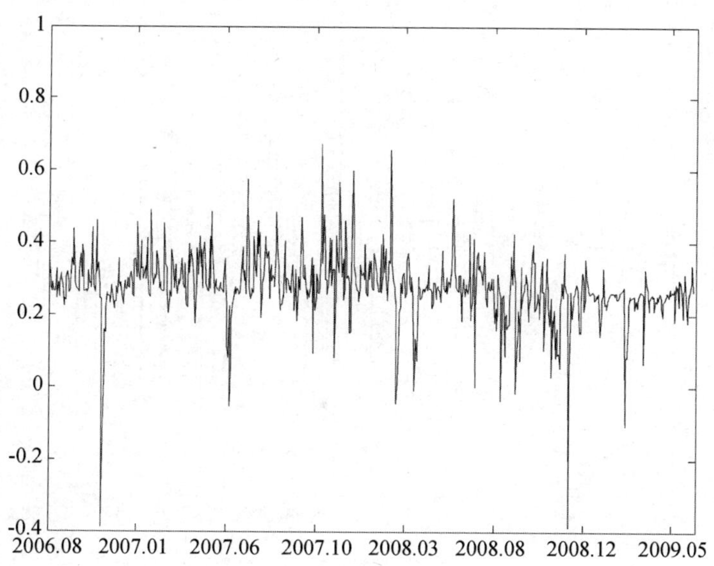

3.4.1　CNY 和 CNH 的动态相关系数图

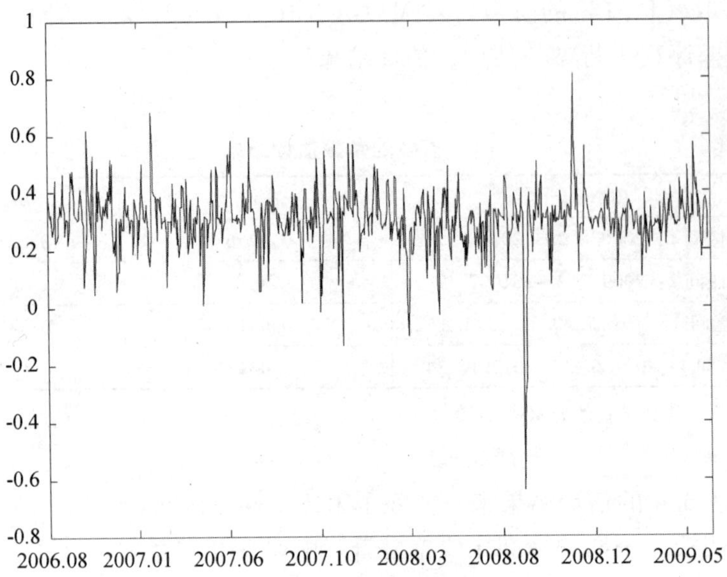

3.4.2　CNY 和 NDF 的动态相关系数图

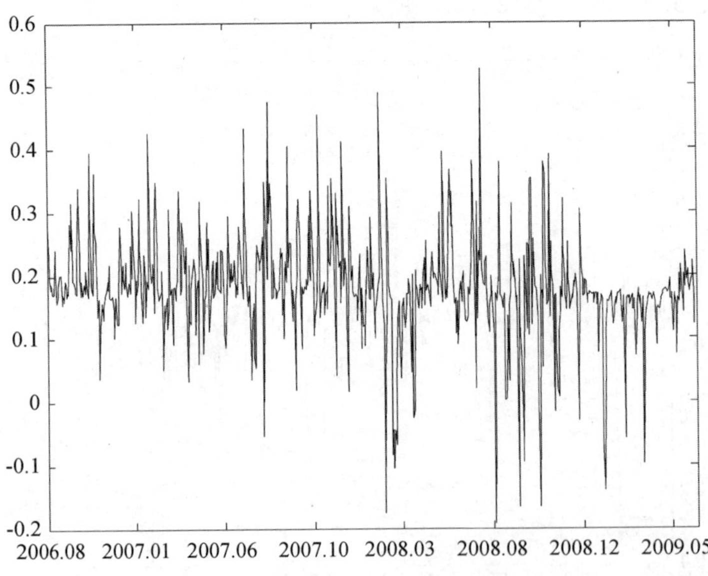

3.4.3　CNH 和 NDF 的动态相关系数图

图 3.4　三个市场两两之间相关系数的时变特征

（2006 年 8 月 23 日—2009 年 7 月 1 日）

从理论上讲，离岸市场对汇率的影响应区分存在资本管制和不存在资本管制两种情况。在存在资本管制的情况下，货币的离岸使用对汇率的影响是不确定的，这主要取决于非居民持有本币长头寸和短头寸的相对自由度。在短期内，离岸市场对汇率的作用也同样受宏观经济形势及预期的影响。因此，离岸市场汇率和在岸市场汇率标的物虽然相同，但由于市场参与者不同、预期不同，两者之间必然存在价格差异（李波等，2011）。

从表 3.4 和图 3.4 可以看出，DCC 估计参数较小，三个市场之间具有一定的相关关系，只是相关程度较低，并且集聚效应不明显。主要原因可能是 2009 年 7 月开始人民币跨境贸易结算试点以前，离岸人民币业务发展非常有限，三个市场之间的相互联系渠道很少，因此，动态相关系数的时变特征不十分明显。

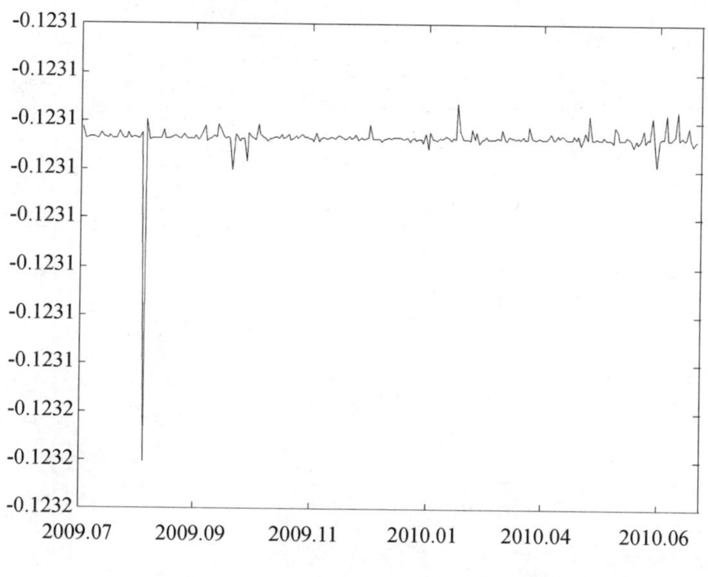

3.5.1　CNY 和 CNH 的动态相关系数图

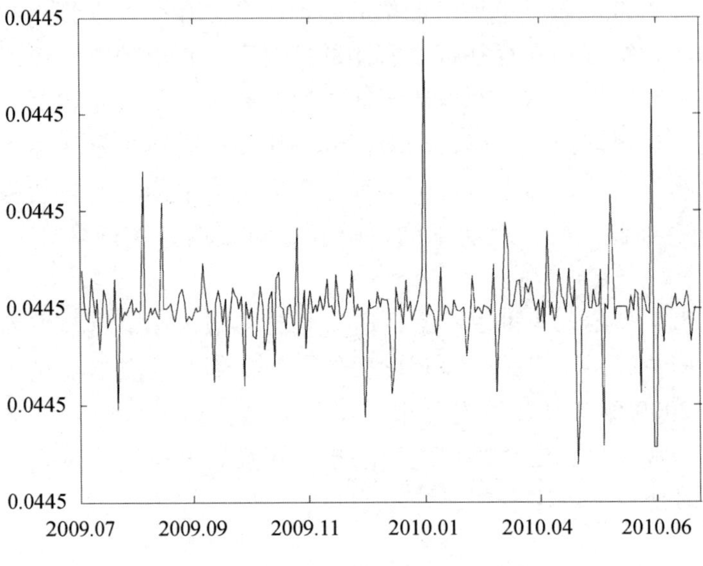

3.5.2 CNY 和 NDF 的动态相关系数图

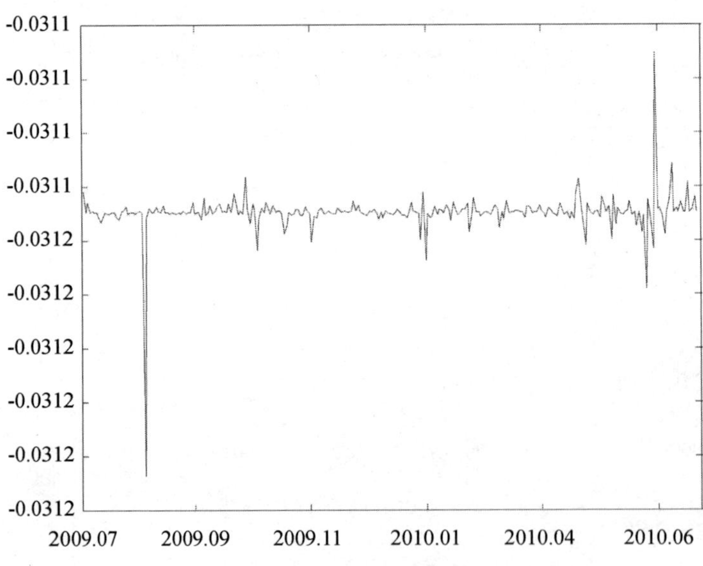

3.5.3 CNH 和 NDF 的动态相关系数图

图 3.5 三个市场两两之间相关系数的时变特征

（2009 年 7 月 2 日—2010 年 7 月 19 日）

从表 3.4 和图 3.5 可以看到，这一阶段特点非常明显，DCC 估计参数为 0，三个市场的动态相关系数基本为 0，之所以有这样的特征，推测与当时国际金融危机有关，2009 年中国为摆脱国际金融危机的不利影响，人民币汇率保持平稳，不再继续升值，此时离岸市场与在岸市场之间的联系相对脱节。

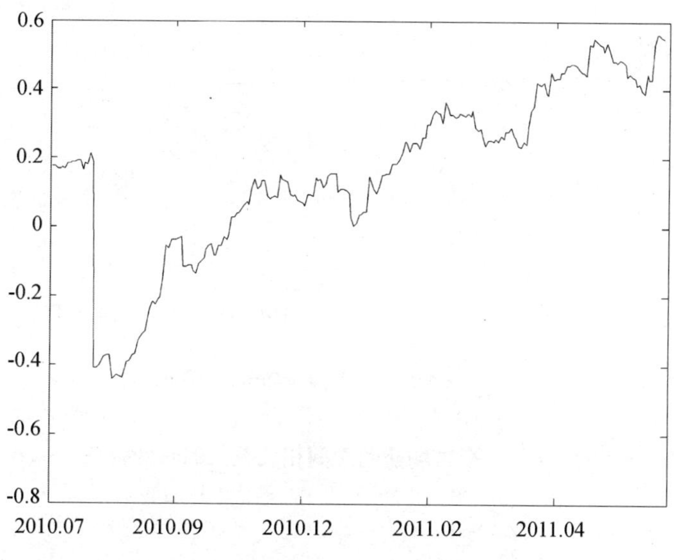

3.6.1　CNY 和 CNH 的动态相关系数图

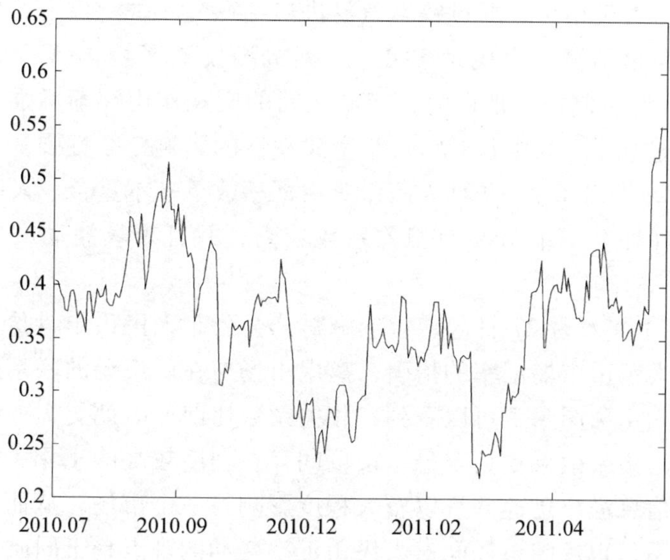

3.6.2　CNY 和 NDF 的动态相关系数图

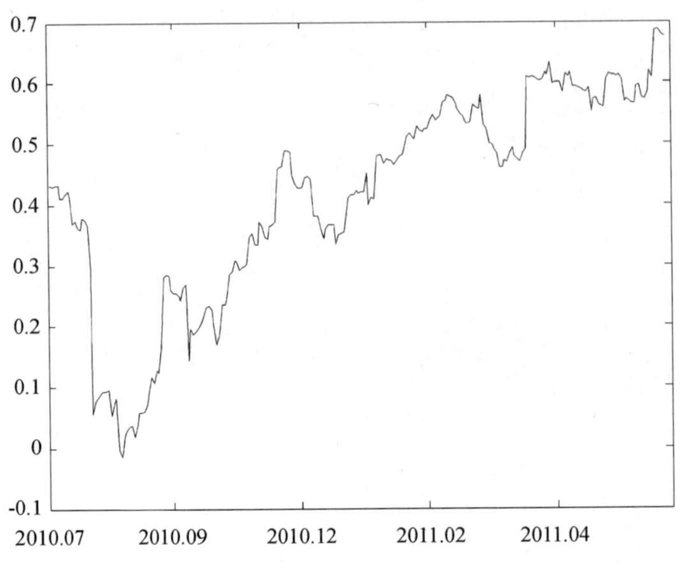

3.6.3 CNH 和 NDF 的动态相关系数图

图 3.6 三个市场两两之间相关系数的时变特征

（2010 年 7 月 20 日—2011 年 6 月 27 日）

从表 3.4 和图 3.6 可以看到，2010 年 7 月 19 日以后香港 CNH 市场开始发展，人民币可以通过跨境贸易进口结算流入香港市场，也可以通过人民币出口结算、人民币 FDI、三类机构投资于境内银行间债券市场、RQFII 等机制向内地回流，市场之间的交互作用逐渐增强。这一阶段的 β 超过 0.9，意味着汇率收益率波动性的影响持续性强。此外，这一时期与 2010 年 6 月 19 日人民币重启汇率改革基本重合，人民币 CNY 汇率更具弹性，三个市场的相关系数较高，并且市场波动的集聚效应明显。

自 2011 年 6 月 27 日起，香港资财公会公布人民币定盘价，定盘价成为离岸人民币市场汇率的指引，离岸市场与在岸市场的联系进一步加大。从表 3.4 和图 3.7 可以看到，相关系数比前一时期更大一些，并且同向变动的集聚效果更为明显，市场间存在程度较高的正相关，说明一个市场的信息溢出迅速并且以较大程度影响另一个市场，从而两者呈现出同向关系，也反映市场间对人民币汇率变动的观点趋于同质。当然也

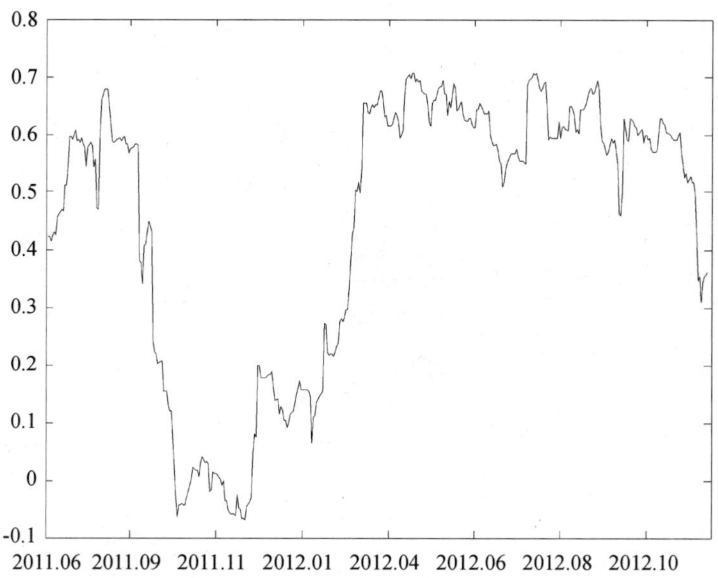

3.7.1　CNY 和 CNH 的动态相关系数图

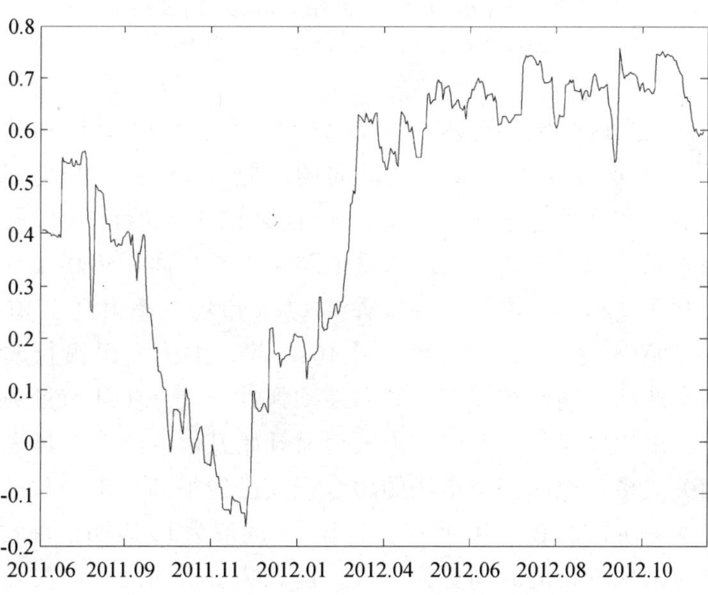

3.7.2　CNY 和 NDF 的动态相关系数图

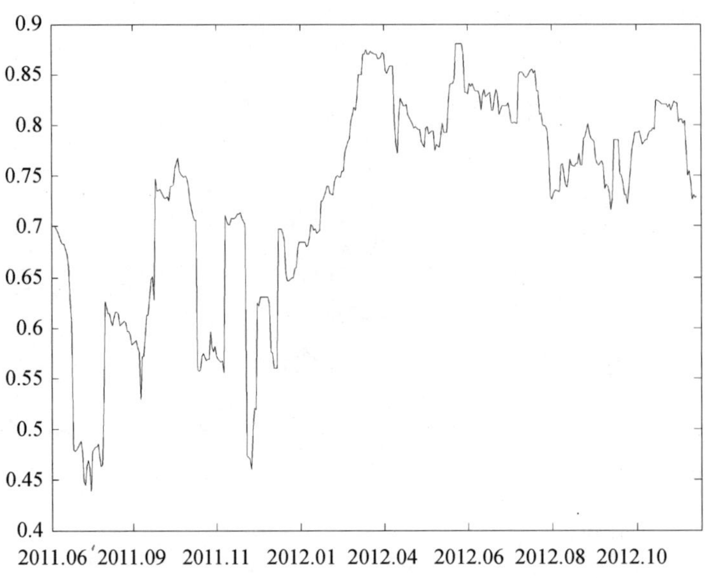

3.7.3　CNH 和 NDF 的动态相关系数图

图 3.7　三个市场两两之间相关系数的时变特征

（2011 年 6 月 28 日—2012 年 12 月 24 日）

有一段时期是负向相关关系（在 2011 年 9 月至 2012 年初），CNY、CNH 市场与 NDF 市场的相关性是反向的，但 CNH 和 NDF 是正向相关关系，这恰好印证了余永定（2012）所论述的由于欧洲银行危机等因素导致的美元大规模撤离，人民币升值预期逆转，离岸市场出现了反向套汇和套利平仓活动，进一步导致香港 CNH 市场汇率由高于 CNY 汇率变为低于 CNY 汇率。从 2012 年 4 月 16 日起，中国人民银行放宽了对人民币汇率波动区间，增强汇率双向浮动弹性，进一步让市场力量决定汇率水平，市场预期趋于明朗，人民币又开始升值，三个市场表现出较强的正相关关系，说明三个市场的融合程度已经很高，市场预期观点相对一致。这一阶段的 β 为 0.9578，且 $\alpha+\beta$ 的值为 1，表明汇率收益率波动性趋势在未来维持的时间更为持久，这意味着市场之间的交互作用逐渐增强，中国资本账户开放程度逐渐提高。

第五节 研究的主要发现及政策建议

本章在人民币国际化的进程不断加快的背景下，研究在岸人民币CNY汇率、CNH汇率和海外人民币无本金交割NDF远期汇率三者之间的交互关系。根据离岸人民币市场发展的几个标志性事件将样本分区间进行研究，首次给出了三个市场两两之间的时变相关系数图，较好地刻画了不同市场波动性的相关程度。从实证检验结果看，首先，随着人民币汇率制度改革和离岸人民币市场的发展，三个市场汇率之间的动态相关系数不断提高，集聚效应明显且正向时间居多，说明境内外市场的关联程度逐步提高，人民币国际化取得了较大进展。其次，基于中国经济实力的支撑，人民币在相当一段时期内处在升值通道，人民币升值预期明显，导致NDF远期汇率相比CNH即期汇率的升水幅度长期处于较高水平，不同时期内市场间负向相关系数说明离岸人民币市场还存在投机思想，套利和套汇活动不仅带来汇率波动，也使央行在外汇市场面临更大的冲销压力，承担货币投放压力并蒙受财务损失。人民币汇率双向浮动区间加大后，三个市场的正向相关关系增强，这说明放松外汇管制、消除管制势差有利于人民币国际化和维持金融环境稳定。再次，十八大以后，中国政治、经济形势趋于明朗，在岸人民币CNY即期汇率的影响力将逐渐攀升，这对人民币争取获得更大的影响力来说是一个良好的信号。我们应充分利用在岸人民币CNY市场对离岸市场汇率的影响力，在外汇衍生产品市场上获取更大的话语权。进一步完善人民币汇率形成机制，以确保在岸市场对离岸市场的有序引导，逐步实现人民币资本项目可兑换，最终实现人民币国际化的健康发展。

第四章　中国金融市场的国际融合：基于利率平价视角

布雷顿森林体系瓦解以来，全球经济特别是金融一体化的程度不断提高。尽管还存在各种管制和壁垒，但资本流动规模的扩大、跨国投资者数量的增加都强化了世界各国和地区金融市场之间的融合程度。以欧洲美元为代表的欧洲货币市场的出现、华尔街黑色星期一引发的全球性股灾以及2007—2008年全球性金融危机等都成为全球金融融合程度不断提高的标志性事件。正如前文所言，中国经济与世界经济一体化程度越来越高，虽然在贸易领域这种融合极为显著，我们也不能忽略中国金融领域与世界的融合，以跨境资本流动为例，中国跨境资本流动的规模占GDP的比重从1982年的1%左右上升至2007年的超过12%（Cheung、Qian，2010）。而人民币国际化进程的不断加快以及离岸人民币市场的迅速发展将促进中国金融市场与世界金融市场的进一步融合，附录3列举了几年来中国金融市场放松管制的措施。

由于资本管制和国内银行业的监管，通常离岸市场与在岸市场是分离的，欧洲货币市场早期也是这样。一个典型的案例是德国，直到1974年1月以前，德国采取了一系列控制资本流入的措施来防止强币变得更强。德国政府试图打击资本流入，通过一系列方法，包括银行对于外国人的负债要征收60%的边际准备金率，向对外借款要征收50%的现金存款率，其结果是欧洲货币利率与德国本国利率显著地分开了。当德国政府1974年1月后取消了管制，两个市场利率实际上融合了（Herring，1992）。那么，人民币离岸市场建立以后，我国与世界金融市场的融合程度如何呢？从目前掌握的文献看，衡量金融融合的方法大体沿着两个思路展开，一种方法是直接从资本项目管制形式出发衡量资本项目管制程度（又称为直接法）。另一种方法是从与资本项目管制相关的经济现象出发，间接衡量资本项目管制程度（又称为间接法）。在本章，笔者主要是沿着第二种思路，着眼于价格视角，通过抛补利率平价条件，分别计算离岸市场和在岸市场远期汇率升贴水率变动之间的动态相关关系来间接衡量我国在岸市场和离岸市场与世界金融市场的联系。之所以选择从动态相关关系角度考察金融市场的融合程度，是因为金融资产的回报率之间的相关关系和波动率对于投资决策非常重要。Engle（2002）指出对于金融管理任务而言，研究相关关系是一个非常重要的投入要素，因为预测资产的未来相关关系和波动性是资产定价的基础之一。

第一节　文献综述

金融市场融合（也称为金融市场一体化，financial market integration）一直是国际经济学的核心问题。金融市场融合可以被定义为这样一个过程：通过这个过程分割的市场开放，使得参与者能享受同等的没有阻碍的市场准入。当政府开始解除管制（比如通过财税政策的改革、政府管制的放松等），技术进步能够减少地理因素导致的贸易问题，其结果是增强了资本流动，最终使可贸易金融资产的回报率在公共的基础上相等。因此，金融市场融合有助于改善资源配置（Laeven，2003；Galindo、Schiantarelli & Weiss 2007；Abiad、Oomes & Ueda 2007），有利于降低消费的波动性（Bekaert、Harvey & Lundblad ，2006）以及促进经济增长（Rousseau，2003；Bekaert et al. 2007）。

从文献来看，度量金融市场融合的方法有很多，主要可以分为直接法和间接法两大类。直接法的最典型思路是国际货币基金（IMF）的二值变量法。由于资本流动是金融市场一体化的前提，由此衡量资本管制的程度可以间接地反映资本的流动性。资本管制的形式分为以下三类指标：对存款利率的管制；对资本项下交易的限制，如期限限制、货币限制等；国外金融服务的准入规则。资本管制越严格，金融市场一体化程度就越低；反之则反是。IMF 的《汇兑安排与汇兑限制年报》（Annual Report on Exchange Arrangements and Exchange Restrictions，AREAER）给出了资本账户项目管制的数量指标，将经常交易和资本交易支付限制定义为0—1之间的数，0代表资本项目（或经常项目）完全管制，1代表资本项目（或经常项目）完全流动，各种中间状态位于（0，1）之间。1996年后将资本项目交易管制细分成13类，① 并且对成员国这13个子项分别说明是否存在管制（Edison等，2004）。Quinn（1997）则通过对AREAER的描述来度量资本账户管制力度，进一步区分资本账户的借方和贷方，并给每一方都进行记分，分值都是从0到2，加总记分为0至4，分值越大表示开放程度越高。Chinn和Ito（2002）也利用AREAER提供的信息角度，通过建立虚拟变量进一步构建多元的资本账户开放度指标，记为KAOPEN。

在资本项目管制的间接测量方法中，通常有数量分析视角和价格分析视角两种思路。具体而言，数量分析视角具体又可以分为三种方法。第一种方法是用资本流入和流出规模来衡量一国资本项目管制程度，即资本项目管制越少，资本流入流出的规模越大。Kraay（1998）使用一国短期债务、FDI等占GDP的比重来衡量该国经济与世界经济的联系程度，这种思路假定资本项目管制是影响资本流动规模的唯一因素。第二种方法侧重于投资和储蓄之间的关系，用一国国内储蓄和投资的相关性来衡量该国资本项目管制的程度。经典文献之一是Feldstein和Horioka（1980），他们的核心思想是，如果存在完全的资本流动，可以通过世界市场配置资源，那么该国的储蓄和投资应该高度不相关。Montiel（1994）还提出，工业化国家储蓄与投资的相关系数可以作为估算其他国家资本项目开放程度的基准。第三种方法是从消费是经济的最终目标的角度出发，研究金融市场一体化对经济福利的影响，Obstfeld（1994）从各国之间消费的相关关系的角度来研究金融市场融合，其基本思想是，当一国资本可以自由流动时，该国真实人均消费与世界上其他国家真实人均消费应具有较高的相关系数，因此可以通过计算跨国消费相关度来观测资本流动的管制程度。

价格分析视角则是基于一价定律的思想（the law of one price），即

① 主要包括：资本市场证券交易的管制、货币市场工具的管制、集体投资类证券的管制、衍生工具和其他交易工具的管制、商业信贷、金融信贷、担保、保证和备用融资工具、直接投资的管制、直接投资清盘的管制、不动产交易的管制、私人资本流动的管制、针对商业银行和其他信贷机构的条款、针对机构投资者的条款。

同一种资产在不同的市场应该以同样的价格交易。在理想状态下，资本市场是完美的，资本流动是完全自由的，那么无论是在国际层面还是在国内层面，财富拥有者可以利用免费的和完全信息并且以很少的甚至是没有交易成本来交易他们任何具有经济价值的权益（包括人力资本和未定权益），这意味着资本要在国际市场中追求相等的收益，这是最直接度量资本市场融合程度的方法。沿用这一思想的文献非常多：相近的研究要么是关注资产的可替代程度，这个想法自然是认为资产近似于完全替代；要么是检验国际实际利率多大程度上是趋于相等的或者共同运动；还有研究不同国家居民的资产组合是不是在很大程度上在国际间分散配置了；还有一种一价定律的方法是利用国际资产定价模型来揭示股权资本的国际风险问题（见 Bekaert 、Harvey，1995；Hardouvelis et al.，2006），这些想法都与完美市场假说相关。

根据上述思想，用不同国家之间的利率差来衡量资本流动性是一个更为直接的办法。在一个资本流动完美的世界，不同国家的金融资产投资回报率应该相等。否则，就存在套利机会。资本就会从低回报的国家流向高回报的国家，这种资本的跨境流动会降低利率差。另一方面，不同国家之间的利率差如果持续一段时间，那么这些国家一定存在着对国际资本流动的限制。因此一个比较自然的衡量资本市场融合程度的实证研究方法是检验跨国的利率差。然而，如果他们投资于不同的货币的话，度量利率差异可能不能直接具有可比性。例如一年期的美国存款利率为6%，墨西哥同期存款利率为20%，然而这种利率差未必会导致资本流入墨西哥。原因之一是如果墨西哥比索贬值非常严重的话，在投资期间结束时兑换成美元可能比直接在美国存款更少。因此，即使是没有资本管制的情况下，利率差的存在可能会导致汇率的预期变动或者是被视为对汇率风险的一种补偿，因此考虑有意义的度量利率差时需要将汇率因素考虑进来。传统上，研究资本市场融合这一领域主要是使用三种方法：Frankel（1992）总结了抛补利率平价（Covered Interest Rate Parity，CIP）、无抛补利率平价（Uncovered Interest Rate Parity，UIP）和实际利率平价（Real Interest Rate Parity，RIP）。

表 4.1 **利率平价条件**

CIP	$i_t - i_t^* = \frac{F_t - S_t}{S_t}$
UIP	$i_t - i_t^* = \frac{E_t(S_{t+k}) - S_t}{S_t}$
RIP	$i_t - i_t^* = \Delta E_t(p_{t+k}) - \Delta E_t p_{t+k}^*$ （如果 PPP、UIP 成立）

注：i_t 和 i_t^* 分别表示 t 时期本国和外国名义利率，F_t 和 S_t 分别表示 t 时期直接标价法下本国远期汇率和即期汇率，$E_t(S_{t+k})$ 表示 t 时刻对 t + k 时刻即期汇率的预期。$\Delta E_t(p_{t+k})$ 和 $\Delta E_t p_{t+k}^*$ 分别表示 t 时刻对 t + k 时刻通货膨胀的预期。

无抛补利率平价（UIP）主要说明了资本流动应该使到期日相同的类似资产的有效回报相同。因此，UIP 被认为是一个套利条件，在资本具有充分国际流动性的条件下，投资者的套利行为使得国际金融市场上以不同货币计价的相似资产的收益率趋于一致，也就是说，套利资本的跨国流动保证了"一价定律"适用于国际金融市场。当本国利率高于（低于）外国利率时，本国货币预期贬值（升值），本币预期贬（升）值的幅度等于本国与外国利率水平之间的差异。这个平价的假设条件包括风险中性的投资者、理性预期、忽略交易成本、资本流动性完美、一致的到期日和相同的违约风险。如果无抛补利率平价偏离则意味着上述平价条件至少有一个不满足，早期的实证研究更偏重于发达经济体而很少关注新兴市场经济体。

抛补利率平价（CIP）则认为远期外汇市场提供了预先以某一远期汇率在未来交割将本币（外币）换为外币（本币）的方法。与无抛补利率平价相比，抛补的利率平价中投资者可通过签订远期外汇合同，按照合同中预先规定的远期汇率进行交易，以达到套期保值的目的。因此，本国利率高于（低于）外国利率的差额等于本国货币的远期贴水（升水）率。

实际利率平价（RIP）则是在假设无抛补利率平价和事前相对购买力平价条件（ex ante relative PPP）成立的前提下，资产在国际间实际回报趋于一致，这里面包括金融资产也包含实物资产。实际利率平价可以非常全面地反映一国金融与世界的融合程度，但是这个平价条件成立的要求最为苛刻。

三种利率平价理论关注的角度不同，但是都以完美市场为假设。然而，现实世界中，这种完美的市场是不存在的，即使是世界上金融最发达的国家也不存在，跨境交易通常被各种障碍所限制，从不同语言和信息到官方设置的限制，等等。然而，通过观察各种可见的偏离完美市场假设的经济行为，我们可以得到各种度量资本市场融合程度的指标。由于不同标准关注的金融市场的不同功能，因此，一些关于资本市场融合程度的实证结论可能往往不具有可比性。从实证角度看，无抛补利率平价中即期汇率的预测值不容易确定，因为“远期汇率是未来即期汇率的无偏预测值假说”也远没有得到实证公认。理论上，这种预测偏差可以分为两大类：一类是预测偏差；另一类是时变风险升水（time-varying risk premium）。① 此外，Crowde（1994）发现风险升水（用远期汇率升水替代）类似于非平稳的随机过程，因此不能直接进行协整分析。而实际利率平价要求无抛补利率平价和事前相对购买力平价条件成立，如何处理汇率的预期和通货膨胀的预期，不同的方法得出的结论也不尽相同。因此，笔者主要通过抛补利率平价条件，来计算汇率差和远期升贴水率之间的相关关系。

第二节　人民币离岸市场与在岸市场利率差异

目前，香港离岸人民币已经初步形成了自己独立的金融运行体系，香港财金会已经推出香港的美元兑人民币即期定盘价，香港已经初步形成对人民币产品的市场供给和需求，以及离岸人民币的存贷款利率。由于各种原因，香港已形成与内地差异很大的离岸人民币存贷款利率结构。

一　中国利率市场化的进程

中国金融的特性之一体现在利率的制定上面，② 从 1948 年中国人

① 这方面的文献参阅 Fama，1984；Hansen 和 Hodrick，1983 等。

② 本部分主要参考中国人民银行调查统计司课题组 2011 年关于利率市场化的报告。

民银行成立起直到1995年，我国的利率一直是由中国人民银行集中统一管理，其他金融部门不得自定利率。1996年，中国人民银行启动利率市场化改革，全国统一银行间同业拆借市场联网运行，同业拆借市场利率开始形成；在此后的十多年间，货币市场利率市场化程度不断完善。1998年9月放开了政策性金融债券市场化发行利率；1998年和1999年两次扩大贷款利率浮动幅度；2000年9月实行外汇利率管理体制改革，放开了外汇贷款的利率；2002年初，农村信用社进行利率市场化改革。2003年2月，中国人民银行在《2002年中国货币政策执行书稿》中公布了中国利率市场化改革的总体思路："先外币、后本币；先贷款、后存款；先长期、大额，后短期、小额"，推进的原则是"放得开，形得成，调得了"。我国存贷款利率调控大致分为两个阶段：2004年以前，中央银行根据宏观经济形势和货币政策的需要，直接调整金融机构存贷款利率水平，金融机构基本没有或拥有很小的贷款利率浮动权；2004年以后，中央银行不断扩大金融机构贷款利率浮动范围，直至放开贷款利率上限和存款利率下限，将更多的利率定价权赋予金融机构。2012年6—7月，央行再次放宽存贷款浮动幅度，贷款利率下浮30%，存款利率上浮10%。2013年7月19日，央行取消贷款利率限制，目前我国仅对存款利率存在一定程度的管制，但期限已有所放松，取消了五年存款利率限制。2013年7月，国务院正式批准了五年期国债期货，以此为标志，固定收益市场的衍生工具开始起步。

表4.2　　**中国利率市场的主要标志**

时间	标志性事件
1999年4月	县以下金融机构贷款利率最高可上浮30%
1999年9月	中小企业贷款利率可上浮至20%，农信社最高可上浮至50%
1999年10月	中资保险公司试办长期大额协议存款，利率双方协商确定
2002—2003年	小企业贷款利率最高可上浮至20%，农信社最高可上浮至50%
2007年	推出Shibor，作为基础设施进行培育
2008年10月	个人住房按揭贷款利率下浮区间由15%扩大至30%
2012年6月	公司贷款利率扩至基准利率的0.8倍，存款利率上限扩大至基准利率的1.1倍

续表

时间	标志性事件
2012 年 7 月	公司贷款利率扩至基准利率的 0.7 倍
2013 年 7 月	取消贷款利率上限
2015 年 5 月	存款利率浮动区间的上限由存款基准利率的 1.3 倍调整为 1.5 倍。
2015 年 6 月	央行允许银行业存款类金融机构面向非金融机构投资人发行大额存单，加速存款利率市场化

经过十几年的努力，目前我国国内各金融市场的利率品种比较丰富，基本情况如下表所示：

表 4.3　**中国金融市场的利率现状**

<table>
<tr><td rowspan="2">信贷市场</td><td colspan="2">存款利率（仍有上限管制）</td></tr>
<tr><td colspan="2">贷款利率</td></tr>
<tr><td rowspan="8">债券市场</td><td colspan="2">一级市场发行利率</td></tr>
<tr><td rowspan="7">二级市场交易利率</td><td>A. 银行间债券市场利率（国债、政策性金融债、央票、次级债和部分企业债）</td></tr>
<tr><td>n 现券交易利率</td></tr>
<tr><td>n 回购交易利率</td></tr>
<tr><td>B. 交易所市场利率（国债、金融债、部分企业债和可转换债）</td></tr>
<tr><td>n 现券交易利率</td></tr>
<tr><td>n 回购交易利率</td></tr>
<tr><td>C. 柜台交易市场利率（记账式国债）</td></tr>
<tr><td>票据市场</td><td colspan="2">贴现利率</td></tr>
<tr><td rowspan="2">拆借市场</td><td colspan="2">全国银行间同业拆借利率（CHIBOR）</td></tr>
<tr><td colspan="2">上海银行间同业拆借利率（SHIBOR）</td></tr>
</table>

人民币利率市场化推动了固定收益市场的发展，我国债券市场发展迅速，并且丰富了固定收益产品。从下图 4.1 可以看出：

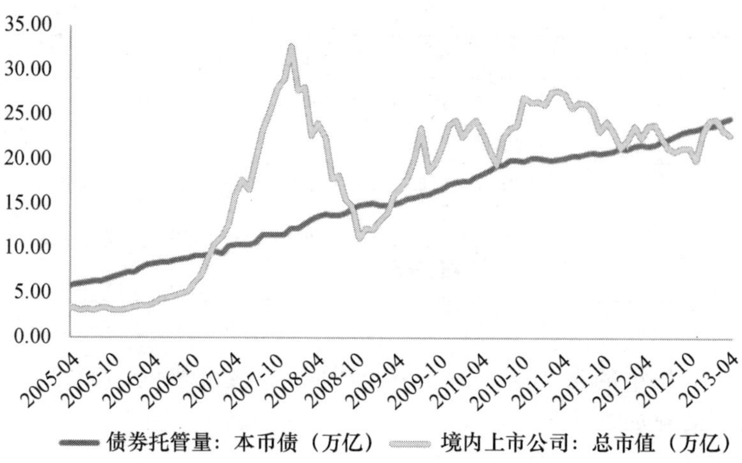

图 4.1　中国债券市场托管量

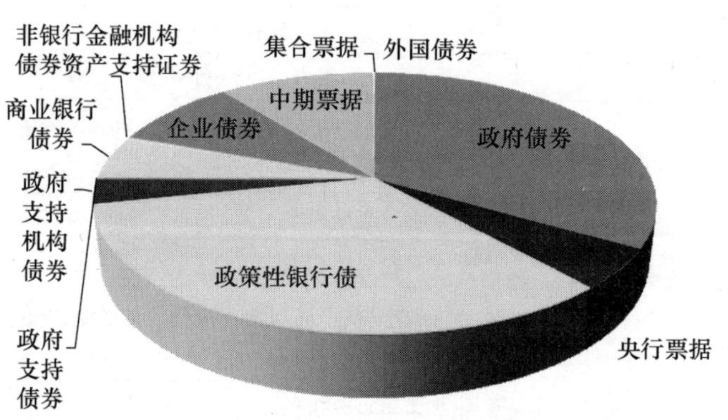

图 4.2　中国债券市场托管结构（2013 年 4 月）

数据来源：wind 资讯。

中国人民银行对利率水平调控主要有两种方式，即直接调整存贷款基准利率和通过公开市场操作引导市场利率走势，间接影响利率体系。贴现利率与外币贷款已经基本实现市场化定价，在不触及管制利率下限的情况下，中央银行贷款基准利率对金融机构定价发挥指导性作用，贷款利率水平在很大程度上已由市场供求关系决定；人民币存款利率市场化改革也取得了新的突破。2012 年 6 月，中国人民银行第一次允许商业银行将存款利率向上浮动 10%，贷款利率下浮 20%，被视为央行利率市场化的重大突破。2013 年 1 月 18 日中国人民银行决定启用公开市场短期流动性调节工具（Short-term Liquidity Operations，SLO），公开市场短期流动性调节工具以 7 天期以内短期回购为主，采用市场化利率招标方式开展操作，在银行体系流动性出现临时性波动时相机使用，被市场认为是利率市场化继续迈进。随后银行间市场交易商协会取消了信用债发行价格在估值中枢上加点保护的措施，放开一级市场采取市场竞争性的方式进行定价，也被市场认为是利率市场化的侧面推进。

中国的债券发行利率早期需要由人民银行审批，后随着利率市场化的逐步推进，逐步放开了金融债券、国债、企业债的利率管制，债券市场基本实施的是市场化利率。目前，Shibor、央行票据利率与国债收益率曲线等构成了我国的金融市场基准利率体系，可以为市场提供从隔夜到 50 年、期限结构完整的定价基准，是包括存贷款利率在内的各种金融产品的直接定价参考，也可为宏观调控提供全面可靠的决策分析依据。随着中国债券市场的发展，国债到期收益率作为基准利率之一，可供用于投资参考。图 4.3 对比了中美两国国债的到期收益率，可以看出，我国的国债利率水平比美国同期国债利率水平要高，且波动更大。

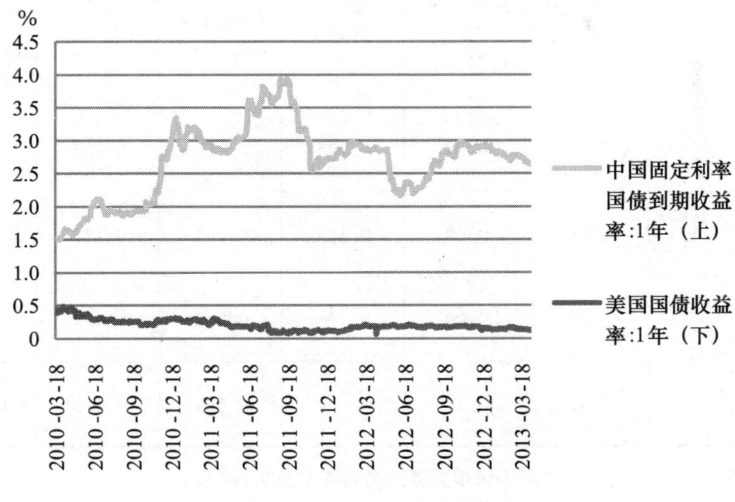

图 4.3　中国与美国国债到期收益率对比

数据来源：Wind 资讯。

二　香港离岸人民币利率体系的形成

目前香港离岸人民币利率体系主要包括：人民币存款利率、人民币贷款利率和人民币同业拆借利率。其中，人民币存款利率的决定主要是由中银香港将离岸人民币存放在中国人民银行深圳分行并获得存款利息，扣除相关费用后再向参与行支付利息，而参与行再扣除手续费后，才将剩余利息支付给客户，清算行和参与行的手续费一般较为固定，所以客户得到的离岸人民币存款利率主要取决于中国人民银行给予中银香港的存款利率水平。陈波帆（2012）根据中国人民银行存款准备金利率和费用指标，计算出不存在其他收益情况下，香港参与行可提供的利率水平（见表4.4），香港离岸人民币存款利率与相应期限在岸人民币存款基准利率差异较大。同期中国人民银行存款利率远高于香港离岸人民币存款利率。

表4.4　**不存在其他收益情况下香港参与行可提供的离岸人民币存款利率（%）**

	中国人民银行超额存款准备金率（a）	中国人民银行给予中银香港的离岸人民币存款利率（b）	清算行手续费（c）	中银香港给予参与行的利率（d = b − c）	参与行经营成本（e）	参与行不亏本下最高的离岸人民币存款利率（f = d − e）
2004年2月—2005年3月	1.62	0.99	0.125	0.865	0.125	0.74
2005年3月—2011年4月	0.99	0.99	0.125	0.865	0.125	0.74
2008年11月—2011年4月	0.72	0.99	0.125	0.865	0.125	0.74
2011年4月—7月	0.72	0.72	0.091	0.629	0.125	0.504

说明：假设参与行办理离岸人民币业务的经营成本为0.125%。

资料来源：转引自李晓、冯永琦（2012）《香港离岸人民币利率的形成与市场化》，《社会科学战线》2012年第2期。

其次，香港离岸人民币贷款利率是由多家银行独立提供的定价标准，并没有统一标准。比如，汇丰银行在 2010 年 3 月推出的首项香港人民币贸易贷款年利率为 3.88%，该利率较中国人民银行的 5.31% 一年期贷款利率低。其他银行为在离岸人民币市场上争夺各自的市场份额也纷纷推出各自的贷款利率基准。[①] 另外，根据《前海跨境人民币贷款管理暂行办法》的规定，前海跨境人民币贷款期限由借贷双方按照贷款实际用途在合理范围内自主确定，同时，前海跨境人民币贷款利率由借贷双方自主确定。

最后，香港银行同业人民币拆借利率初步形成（CNY HIBOR），该利率为中银香港于 2009 年 11 月推出，以上海银行同业人民币拆息（SHIBOR）为基础，同时反映香港人民币资金供求情况，CNY HIBOR 水平一直低于上海银行间同业拆放利率（见图 4.4），表明香港离岸金融市场提供更具优势的融资成本，与其他金融中心的同业拆借利率类似，CNY HIBOR 是市场化程度较高的利率，可以认为在香港市场中的地位更为重要。图 4.5 显示了中国上海同业拆借利率、美国联邦基金利

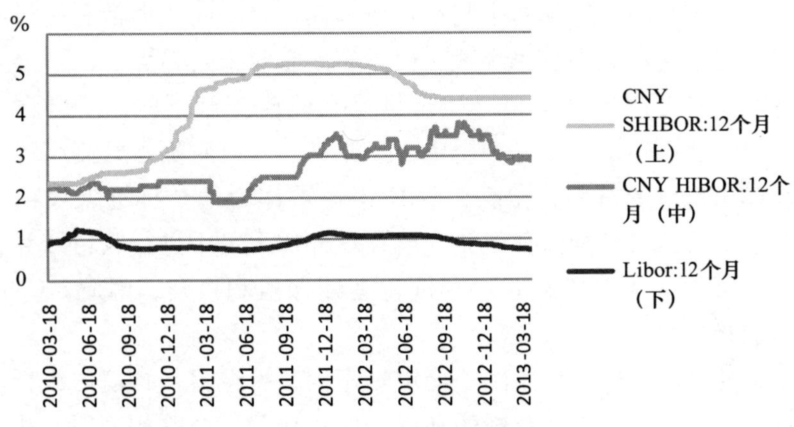

图 4.4　离岸市场与在岸市场同业拆借利率对比

数据来源：Wind 资讯。

① 渣打银行贷款利率的标准为 SHIBOR 加上 0.5% 的固定利率或者是渣打标准票据融资利率减掉 1.5% 的浮动利率，中银香港是 CNY HIBOR 加上一定的息差，息差并不固定。

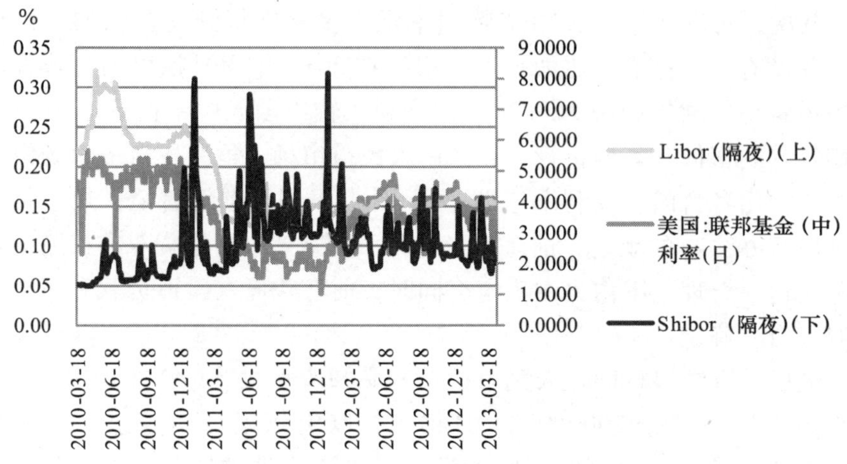

图 4.5　美国、伦敦和上海同业拆借利率对比

数据来源：Wind 资讯。

率和伦敦同业拆借利率水平之间的关系。可以直观地看到，2011 年 3 月以前，三个市场利率之间的走势差异很大，2012 年 3 月以后，伦敦同业拆借利率与美国联邦基金利率走势趋同，上海同业拆借利率虽然没有直接与其他两种利率趋于一致，但是利差有收窄之趋势。

与欧洲美元市场不同，CNH 市场是在政府控制下的一个尝试。香港的离岸人民币市场并不是一个由市场驱动、对政府资本管制和税收成本自动作出反应的市场；相反，CNH 市场被作为一个推进人民币国际化战略的核心组成部分。如果企业要在境外用人民币进行收付结算，就需要有地方借入人民币，并对其进行套期保值和投资，因此，CNH 市场应运而生。

至少就目前来说，与欧洲美元市场不同，香港银行与境内银行间的清算仍受到限制。如上文解释的那样，这意味着一个既相连但又相异的 CNH 外汇市场在境外形成。短期内，这将是中国政府不愿放开资本账户带来的不可避免的副产品。在离岸市场建立之初，可能存在一定程度的利差。但今后，随着中国逐步放松资本账户管制，CNH 市场流动性扩张的步伐将显著加快，同时境内外市场美元对人民币价差将自然缩窄。

根据利率平价条件，由于套利行为的存在，离岸市场和在岸市场的资产回报将趋于一致。如果货币的国际流动性越强，离岸市场与在岸市场的利差就会越窄。当然，离岸市场与在岸市场的货币通常情况下不会完全可替代，因此，套利是有成本的（比如交易成本、汇率风险、政治风险等），只有套利的收益大于成本时，套利才会发生。当套利使得离岸市场与在岸市场的利差收窄到一定程度时，这时市场趋于均衡。不管现在市场是否已经趋于均衡，这种套利行为会使市场间的联系更加紧密。

第三节　基于 CIP 的利率平价理论检验

根据抛补利率平价理论（CIP），在资本可以自由流动的条件下，汇率的远期升贴水率等于两国货币利率之差。如果本国利率高于外国利率，则本币在远期将贬值（在即期升值）；如果本国利率低于外国利率，则本币在远期将升值（在即期贬值）。与无抛补利率平价相比，抛补利率平价未对投资者的风险偏好作出假设，因为远期外汇市场的出现使套利者可以免于承担由于汇率波动而产生的汇率风险。由于套利者利用远期外汇市场固定了未来交易时的汇率，避免了汇率风险的影响，整个套利过程得以顺利实现。

假设我们有一笔资金，在金融资产可以完全替代的前提下，存在着投资于本国金融市场还是外国金融市场两种不同的选择。如果投资于本国金融市场，那么一单位本币到期可增值为：$S_t(1+i)$。

如果投资于国外金融市场，到期时一单位本币可以增值为：$(1+i^*)F_t$。

在资本市场完全有效的假设下，市场最终会使利率与汇率形成下列关系：

$$S_t(1+i_t)=(1+i^*{}_t)F_t \tag{4.1}$$

其中 S_t 为直接标价法下即期汇率，F_t 为直接标价法下远期汇率，i 为本国利率，i^* 为外国利率，忽略二阶无穷小量，进一步整理得：

$$\frac{F_t-S_t}{S_t}=i_t-i_t^* \tag{4.2}$$

公式（4.2）中等式右边 $i_t-i_t^*$ 即为利率差，定义 $\bar{f}_t=\frac{F_t-S_t}{S_t}$ 为远期汇率升贴水率，即等式左边项。

从 CIP 利率平价条件可以看出，导致资本跨国流动的因素主要有三个：（1）利率差的相对变化，即资本通常由利率低的国家和地区流向利率高的国家和地区；（2）汇率状况导致的本币预期贬值率的变化，即本币面临的贬值压力的上升（下降）会导致资本从本币（外币）向外币（本币）的转移，发生资本流出（流入）；（3）利率和汇率之间的联动关系，即资本流动的方向不仅取决于利率差异和汇率水平，而且取决于利率和汇率之间的相互影响。

如果 CIP 条件完全满足的话，上述公式（4.2）成立。然而现实世界通常不能满足理想假设，外汇管制和外汇市场不发达等交易成本因素限制了资本具有充分国际流动性，因此很多实证研究都是检验上述利率平价条件是否成立。因此，实证研究抛补利率平价的基本表达式为：

$$\bar{f}_t = \alpha + \beta(i_t - i^*_t) + \varepsilon_t \tag{4.3}$$

也就是检验 $H_0:\alpha = 0,\beta = 1$ 是否成立，如果成立，则意味着该市场符合利率平价条件，也就是资本具有真正意义的流动性。Frankel（1992）称只有抛补利率平价条件成立，抛补利率差才为0，抛补利率差作为衡量资本流动性的纯粹的标准可以用来衡量各国金融市场融合程度。[①]

当存在资本管制时，非居民不能百分之百进入一国在岸货币市场；或者在岸市场远期汇率市场不存在或者不发达的时候，非居民不能通过可交割的远期外汇市场来规避汇率风险，因此 NDF 市场的出现就较好地解决了这个问题。考虑具有离岸 NDF 市场的货币，CIP 成立的公式改写为：

$$S_{offshore,t}(1 + i_{offshore,t}) = (1 + i^*_t)\, NDF_{offshore,t} \tag{4.4}$$

定义 $\bar{f}_t' = \dfrac{NDF_{offshore,t} - S_{offshore,t}}{S_{offshore,t}}$ 为离岸市场远期汇率升贴水率，公式（4.4）进一步整理得：

$$\bar{f}_t' = i_{offshore,t} - i^*_t \tag{4.5}$$

同理，实证检验公式为：

$$\bar{f}_t' = \gamma + \theta(i_{offshore,t} - i^*_t) + \mu_t \tag{4.6}$$

第四节　实证检验及主要结论

本节分别研究在岸人民币即期汇率与可交割远期汇率之间的远期外

① 当然，Frankel（1992）也列举了其他几种衡量方法，Feldstein-Horioka 储蓄—投资相关关系、UIP 和 RIP，只有 CIP 的数据都是可以实际获得的，因此本书着重根据 CIP 讨论。

汇升贴水率与中美两国国债收益率差之间的相互关系；香港 CNH 市场即期汇率（人民币即期汇率定盘价）与 NDF 远期汇率升贴水率与 CNY HBIOR 和 LIBOR 利率差之间的相互关系，从而探讨中国在岸市场、离岸市场与世界金融市场融合的程度。

一　在岸市场的利率差与远期汇率升贴水率之间的交互关系检验

1. 描述性统计分析与平稳性检验

本研究选取的数据均为高频数据，样本区间为 2010 年 3 月 18 日至 2013 年 4 月 10 日。其中，在岸市场汇率数据采用的是国家外汇管理局公布的人民币汇率即期汇率和中国银行公布的可交割远期汇率日数据，利率选择 Wind 资讯公布的一年期的中国国债到期收益率和同期美国国债到期收益率，剔除“日历黑洞”等因素，原始数据 730 个，一阶差分后 729 个。

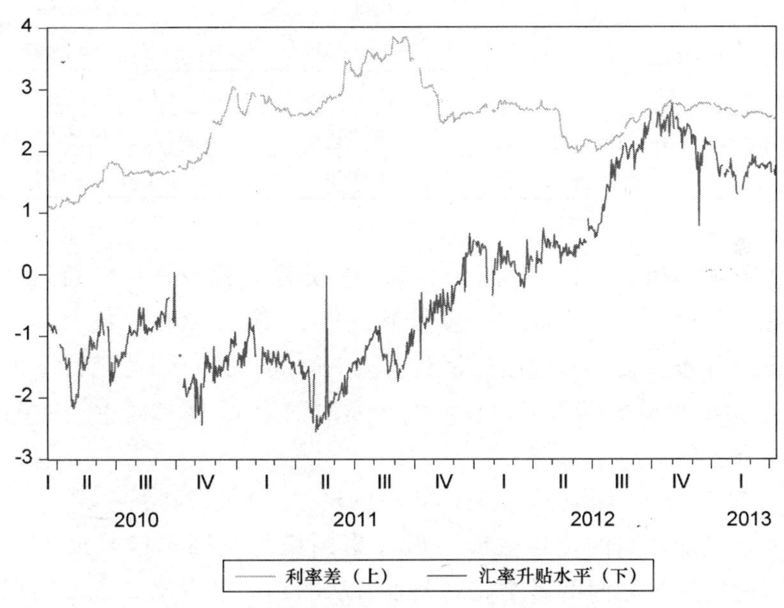

图 4.8　汇率升贴水率与利率差的时序图（%）

如图 4.8 所示，其中“INTEREST”表示中国内地 1 年期固定利率国债到期收益率与美国 1 年期国债收益率之差；“PDRATE”表示中国大陆人民币兑美元远期汇率对即期汇率的升贴水率。从图 4. 8 所反映变量的趋势来看，总体上看，中国近三年来汇率升贴水率与利率差异之间的偏离在逐渐缩小，特别是 2012 年第三、四季度之间，甚至出现了利率平价成立的情况，这与中国近几年资本与金融账户的开放不无关系。

表 4. 5　　汇率升贴水率与利率差的描述性统计及 ADF 检验

	PDRATE	INTEREST
均值	-0. 198174	2. 478737
中位数	-0. 704968	2. 618600
标准差	1. 417386	0. 6043 47
偏度	0. 500503	-0. 286241
峰度	1. 959136	2. 923392
JB 统计量 （P 值）	63. 34442	10. 13327
	(0. 0000)	0. 006304
ADF-T 统计量 （P 值）	-2. 693259	-1. 870603
	0. 2397	0. 6687
一阶差分后 ADF-T 统计量 （P 值）	-27. 84842	-14. 36011
	(0. 0000)	(0. 0000)

从图 4. 8 和表 4. 5 可以看出，利率差异序列比较平稳，而人民币由于近几年的升值，汇率波动幅度较高。从 JB 统计量看，两个序列均不服从正态分布。由于两个序列带有明显的时间趋势，因此进行了带有趋势项的 ADF 检验，结果显示在最大滞后阶数为 19 阶的情况下，两个序列均为典型的 I（1）过程。

2. 对市场之间报酬关系溢出效应的格兰杰因果检验

考察变量之间的传递效应一般可采用格兰杰因果检验进行方向判断，以确定变量之间的影响先后关系。从图 4. 8 可看出二者之间存在一定的联动效应，可认为二者之间存在波动溢出效应，因此可采用格兰杰因果检验以考察利率差与远期汇率升贴水率之间的影响与被影响关系。因“INTEREST”和“PDRATE”序列均为 I（1）过程，因此经差分后进行格兰杰因果检验。

下面采用1—7 阶的格兰杰因果检验来对二者关系进行分析：

表 4.6　**格兰杰因果检验**

原假设	P值						
	滞后1阶	滞后2阶	滞后3阶	滞后4阶	滞后5阶	滞后6阶	滞后7阶
INTEREST 非 PDRATE 的格兰杰原因	0.5925	0.5565	0.1617	0.0687	0.1038	0.0819	0.1143
PDRATE 非 INTEREST 的格兰杰原因	0.3176	0.0037	0.0071	0.0102	0.0177	0.0145	0.0190

从表 4.6 可得，在 5% 的显著水平下，基本上可以认为中国大陆与美国的利率差与远期汇率升贴水率的变动之间存在格兰杰因果关系，说明中国大陆与美国的利率和汇率之间互有影响，但远期汇率的升贴水率的变化对利率差的影响更为明显，这表明人民币在岸市场与世界市场之间的相互影响确实存在。汇率升贴水率变动是利率差变动的格兰杰原因，显著的均值溢出效应说明汇率升贴水率变动能够影响利率差的变动，其可能的原因是我国利率市场化的程度相对于汇率还更弱一些。

3. 利率差与汇率升贴水率之间的波动溢出关系研究

金融市场之间的信息流动关系比较复杂，既有线性的传导关系，也有非线性的波动溢出关系。为了考察利率差与汇率升贴水率序列之间的波动溢出效应，根据 AIC 和 SC 准则，建立如下 VAR 方程：

$$\begin{pmatrix} interest_t \\ pdrate_t \end{pmatrix} = \begin{pmatrix} 0.00135 \\ 0.004523 \end{pmatrix} + \begin{pmatrix} 0.290108 & 0.019298 \\ 0.184984 & -0.413394 \end{pmatrix} \begin{pmatrix} interest_{t-1} \\ pdrate_{t-1} \end{pmatrix} + \begin{pmatrix} \varepsilon_{interest,t} \\ \varepsilon_{pdrate,t} \end{pmatrix}$$

其中 $interest_t$ 为利率差的一阶差分序列，$pdrate_t$ 为远期汇率升贴水率的一阶差分序列，根据该 VAR 模型可得两组残差序列，对其进行 ARCH 检验，显示两个残差序列均存在显著的 ARCH 效应，即残差项的条件方差依赖于前期残差值的大小，进而可对收益率序列进行单个 GARCH 模拟。

表 4.7　　　　各残差序列基于 GARCH 族模拟的拟合结果

	汇率升贴水率	利率差
C	0.023192 (0.001667)	0.000849 (5.05E-05)
ARCH (1)	0.996131 (0.099945)	0.282216 (0.037665)
GARCH (1)	-0.027226 (0.008548)	(0.069951)
GARCH (2)		-0.144993 (0.039227)
极大似然值	191.2980	1402.389

注：GARCH 滞后阶数由 SC 最小准则确定，括号内为相应系数的标准差，表 4.7 计量软件为 Eviews7.0

4. DCC 模型估计结果及动态相关关系图

根据上述 GARCH 族拟合结果，可得标准化残差，从而得出 DCC 模型的参数。具体的，本模型对 DCC 采取（1，1）的阶数，对 MV-GARCH 采取（2，2）的阶数，对标准化残差序列进行参数估计，估计结果如下：

表 4.8　　　　DCC 模型的参数估计结果

	α_1	β_1
INTEREST PDRATE	0.0324	0.8848

注：表 4.8 计量软件为 Matlab7.0。

从表 4.8 的估计结果来看，α 与 β 均显著不为零，说明滞后 1 期的标准化残差显著影响时变相关系数。其中，β 值接近于 1，说明这种波动性的影响持续性强。根据已得 α 与 β 等结果可绘制出利率差与远期汇率升贴水率变动量之间的时变相关系数图，如图 4.9 所示。

从图 4.9 可以看出，人民币在岸市场的汇率升贴水率变动与利率差变动之间的相关关系比较明显，并且具有一定的集聚效应，根据抛补利率平价条件，这表明在岸市场与国外金融市场之间已经存在一定程度的融合。

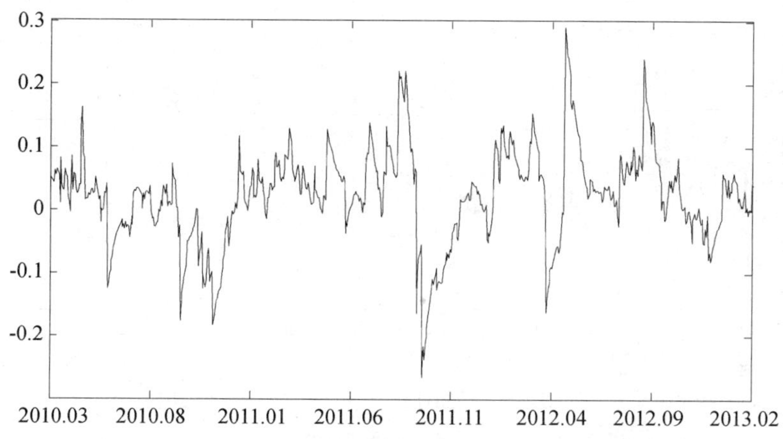

图 4.9　在岸市场汇率升贴水率与利率差变动之间的动态相关系数图

二　离岸市场的利率差与远期汇率升贴水率之间检验

1. 描述性统计分析与平稳性检验

本研究选取的数据均为高频数据，样本区间为 2010 年 3 月 18 日至 2013 年 4 月 10 日。其中，在岸市场汇率数据采用的是国家外汇管理局公布的人民币汇率即期汇率和中国银行公布的可交割远期汇率日数据，利率选择 Wind 资讯公布的一年期的中国国债到期收益率和同期美国国债到期收益率，剔除“日历黑洞”等因素，原始数据 536 个，一阶差分后 535 个。

如图 4.10 所示，其中“汇率波动率”表示 NDF 远期无本金交割人民币兑美元汇率与香港人民币兑美元即期汇率定盘价之间的汇率升贴水率，“利率差”表示一年期 CNY HIBOR 利率与同期美元的 LIBOR 之差。从图 4.10 所反映变量的趋势来看，总体上看，香港人民币离岸市场近三年来汇率升贴水率与利率差异之间的偏离在逐渐缩小，特别是 2012 年第三、四季度之间，这显示了离岸市场趋于良性健康发展。

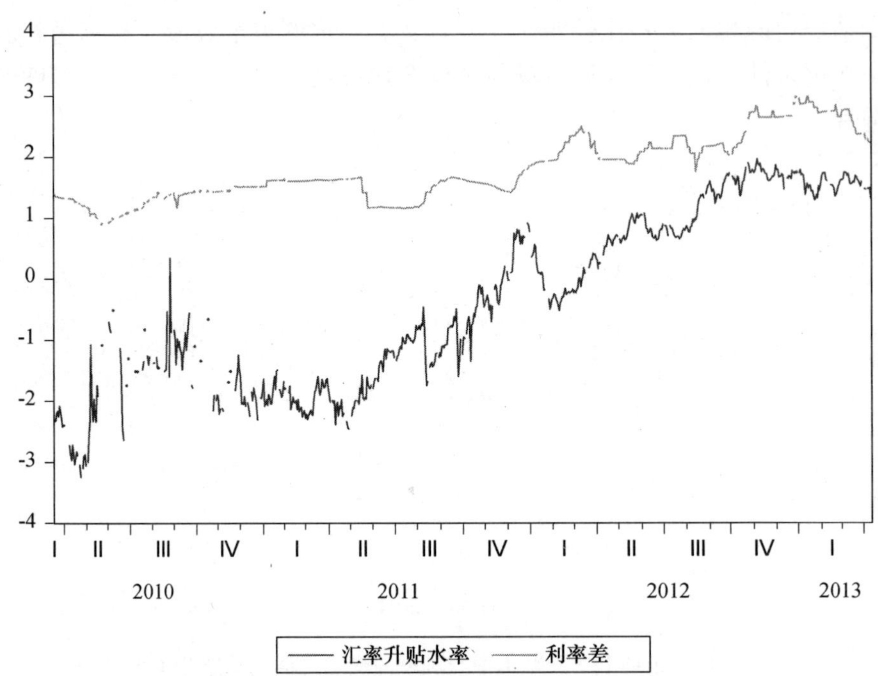

图 4.10　远期汇率升贴水率与利率差的时序图（%）

表 4.9　　**汇率升贴水率与利率差的描述性统计**

	升贴水率	利率差
均值	-0.301404	1.838029
中位数	-0.335712	1.644
标准差	1.432085	0.509105
偏度	-0.002945	0.442116
峰度	1.631736	2.173535
JB 统计量 P 值	51.79702 (0.0000)	40.52925 (0.0000)
ADF-T 统计量 P 值	-3.289826 0.069	-2.653417 0.2567
一阶差分后 ADF-T 统计量 P 值	-29.59228 (0.0000)	-2239885 (0.0000)

从图 4.10 和表 4.9 可以看出，利率差异序列比较平稳，而人民币

近几年一直处于升值的通道，汇率波动幅度较高，而且离岸人民币远期汇率升贴水率波动比在岸市场要大。从 JB 统计量看，两个序列均不服从正态分布。由于两个序列带有明显的时间趋势，因此进行了带有趋势项的 ADF 检验，结果显示在最大滞后阶数为 19 阶的情况下，两个序列均为典型的 I（1）过程。

2. 对市场之间报酬关系溢出效应的格兰杰因果检验

考察变量之间的传递效应一般可采用格兰杰因果检验进行方向判断，以确定变量之间的影响先后关系。从图 4. 10 上可看出二者之间存在一定的联动效应，可认为二者之间存在波动溢出效应，因此可采用格兰杰因果检验以考察利率差与远期汇率升贴水率之间的影响与被影响关系。因“利率差”和“汇率波动”序列均为 I（1）过程，因此经差分后进行格兰杰因果检验。

下面采用 1—7 阶的格兰杰因果检验来对二者关系进行分析：

表 4. 10　**格兰杰因果检验**

原假设	P 值						
	滞后 1 期	滞后 2 期	滞后 3 期	滞后 4 期	滞后 5 期	滞后 6 期	滞后 7 期
利率差非汇率波动的格兰杰原因	0. 4467	0. 4112	0. 0903	0. 0174	0. 0127	0. 0827	0. 4727
汇率波动非利率差的格兰杰原因	0. 4076	0. 0236	0. 0108	0. 0258	0. 0199	0. 0402	0. 2141

从表 4. 10 可得，在 5% 的显著水平下，基本上可以认为香港 CNY HBIOR 与伦敦同业拆借美元利率的利率差与远期汇率升贴水率的变动之间存在格兰杰因果关系，说明离岸市场与国外的利率和汇率之间互有影响，但远期汇率的升贴水率的变化对利率差变化的影响更为明显，这表明人民币在岸市场与离岸市场之间的相互影响确实存在。汇率升贴水率变动是利率差变动的格兰杰原因，显著的均值溢出效应说明汇率升贴水率变动能够影响利率差的变动，其可能的原因是我国利率市场化的程度相对于汇率还更弱一些。

3. 利率差与汇率升贴水率之间的波动溢出关系研究

金融市场之间的信息流动关系比较复杂，既有线性的传导关系，也有非线性的波动溢出关系。为了考察利率差与汇率升贴水率序列之间的波动溢出效应，根据 AIC 和 SC 准则，建立如下 VAR 方程：

$$\begin{pmatrix} pdrate_{offshore,t} \\ interest_{offshore,t} \end{pmatrix} = \begin{pmatrix} 0.00352 \\ 0.000464 \end{pmatrix} + \begin{pmatrix} -0.200739 & 0.138029 \\ -0.007869 & 0.051206 \end{pmatrix} \begin{pmatrix} interest_{offshore,t-1} \\ pdrate_{offshore,t-1} \end{pmatrix} + \begin{pmatrix} \varepsilon_{pdrateoff,t} \\ \varepsilon_{interestoff,t} \end{pmatrix}$$

其中 $interest_{offshore,t}$ 为利率差的一阶差分序列，$pdrate_{offshore,t}$ 为远期汇率升贴水率的一阶差分序列，根据该 VAR 模型可得两组残差序列，对其进行 ARCH 检验，显示两个残差序列均存在显著的 ARCH 效应，即残差项的条件方差依赖于前期残差值的大小，进而可对收益率序列进行单个 GARCH 模拟。

表 4.11　　**各残差序列基于 GARCH 族模拟的拟合结果**

	汇率升贴水率	利率差
C	0.000918 (0.000221)	0.000139 (4.90EE-6)
ARCH (1)	0.178963 (0.020234)	0.060119 (0.006568)
ARCH (2)	0.247235 (0.024862)	
GARCH (1)	-0.146911 (0.019349)	1.480816 (0.018633)
GARCH (2)	0.749592 (0.021432)	-0.627494 (0.014530)
极大似然值	373.3723	1268.83

注：GARCH 滞后阶数由 SC 最小准则确定，括号内为相应系数的标准差，表 4.11 计量软件为 Eviews 6.0。

4. DCC 模型估计结果及动态相关关系图

根据上述 GARCH 族拟合结果，可得标准化残差，从而估计 DCC 模型的参数。具体的，本模型对 DCC 采取（1，1）的阶数，对 MV-GARCH 采取（2，2）的阶数，对标准化残差序列进行参数估计，估计结果如下：

表 4.12　　DCC 模型的参数估计结果

	α_1	β_1
$interest_{offshore,t}$, $pdrate_{offshore,t}$	0.1555	0.3756

注：计量软件为 Matlab 7.0。

从表 4.12 的估计结果来看，α 与 β 均不为零，说明滞后 1 期的标准化残差显著影响时变相关系数。根据已得 α 与 β 等结果可绘制出利率差与远期汇率升贴水率变动量之间的时变相关系数图（如图 4.11）。

从图 4.11 可以看出，人民币离岸市场的汇率升贴水率变动与利率差变动之间的相关关系明显，且高于在岸市场，根据抛补利率平价条件，这表明离岸市场与国外金融市场已经存在一定程度的融合。

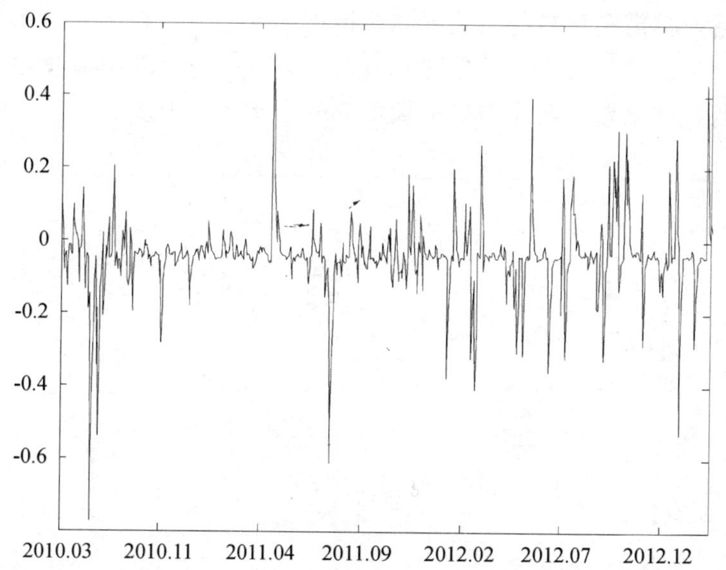

图 4.11　离岸市场汇率升贴水率与利率差变动之间的动态相关系数图

三　中国金融市场与世界市场融合程度之检验

正如前文所探讨的那样，多数情况下抛补利率差不为零，因此，可以定义一个抛补利率平价偏离，这种偏离可能由于制度因素、风险因素以及交易成本等因素引起，如果市场之间的融合程度较强的话，这种偏离程度之间也应该存在一定的相关性，因此，可以通过利率平价偏离程度的相关关系反过来考察市场之间的融合程度。

对于每个市场，定义 DRCIP 为抛补利率平价的偏离：

$$DUCIP = i - i^{*} - \bar{f} \tag{4.7}$$

其中，i 和 i^{*} 分别表示本国利率和外国利率，$\bar{f}$ 表示远期汇率升贴水率，下面进一步考察这种相关关系以从一个侧面探讨中国金融市场与世界金融市场融合的时变特征。

1. 描述性统计分析与平稳性检验

本部分选择三组数据序列，样本区间均为 2010 年 3 月 18 日—2013 年 4 月 10 日。第一组数据序列（Hibortolibor）为离岸金融市场上抛补利率平价偏离，即离岸人民币同业拆借利率与伦敦美元同业拆借利率之差与离岸人民币远期升贴水率之差。第二组数据序列（Shibortolibor）为上海同业拆借利率与伦敦美元同业拆借利率之差与在岸人民币远期汇率升贴水率之差。第三组数据序列（Cnytousd）为中国国债收益率与美国国债收益率之差与在岸市场远期汇率升贴水率之差。

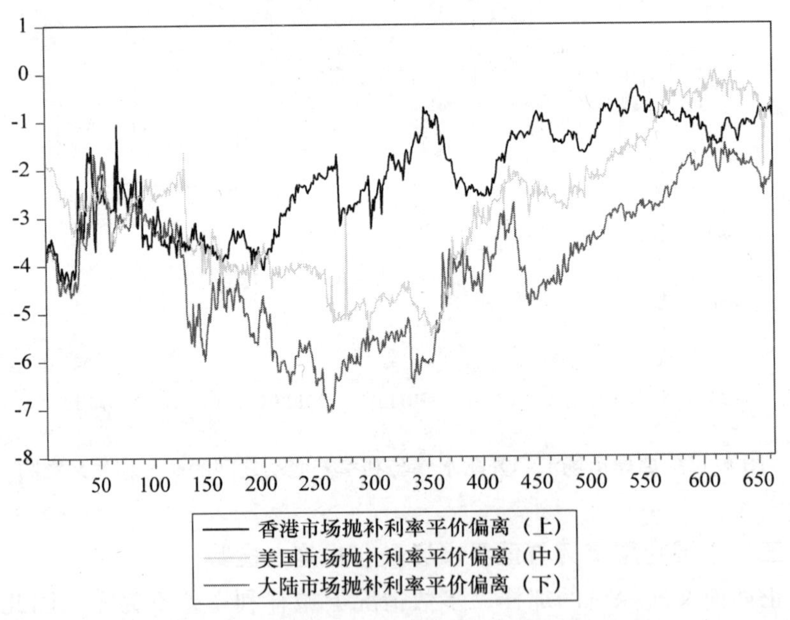

图 4.12 抛补利率平价偏离的时序图（%）

从图 4.12 所反映变量的趋势来看，三种抛补利率平价偏离之间存在同步运动的趋势，说明离岸市场与在岸市场之间的联系日益紧密。从图 4.12 和表 4.13 可以看出，三种偏离序列中离岸市场的偏离程度相对较小。从 JB 统计量看，三个序列均不服从正态分布。由于三个序列带有明显的时间趋势，因此进行了带有趋势项的 ADF 检验，结果显示在最大滞后阶数为 19 阶的情况下，三个序列均为典型的 I（1）过程。

表 4.13　　**抛补利率平价偏离的描述性统计**

	Cnytousd	Hibortolibor	Shibortolibor
均值	-2.851626	-2.139434	-4.033848
中位数	-2.714250	-2.108650	-3.912650
标准差	1.454233	1.053073	1.418190
偏度	0.215819	-0.258198	-0.091904
峰度	2.120806	1.818455	1.932946
JB 统计量 P 值	26.54044 (0.0000)	46.00176 (0.0000)	32.43612 (0.0000)
ADF - T 统计量 P 值	-1.973869 0.6140	-3.917017 0.0119	-2.166060 0.5073
ADF - T 统计量 一阶差分后 P 值	-26.35206 (0.0000)	-16.98002 (0.0000)	-20.67901 (0.0000)

2. 对市场之间报酬关系溢出效应的格兰杰因果检验

考察变量之间的传递效应一般可采用格兰杰因果检验进行方向判断，以确定变量之间的影响先后关系。从图 4.12 可看出三者之间存在一定的联动效应，可认为三者之间存在波动溢出效应，因此可采用格兰杰因果检验以考察利率差与远期汇率升贴水率之间的影响与被影响关系。因“利率差”和“汇率波动”序列均为 I（1）过程，因此经差分后进行格兰杰因果检验。

下面采用 1—7 阶的格兰杰因果检验来对三者关系进行分析：

表 4.14　基于 1—7 阶滞后阶数的格兰杰因果检验（一阶差分后）

原假设	P 值						
	滞后 1 阶	滞后 2 阶	滞后 3 阶	滞后 4 阶	滞后 5 阶	滞后 6 阶	滞后 7 阶
Cnytousd 非 Hibortolibor 格兰杰原因	0.2763	0.5293	0.6247	0.1723	0.0277	00171	0.0073
Hibortolibor 非 Cnytousd 格兰杰原因	0.7789	0.8294	0.9093	0.3599	0.0865	0.0275	0.0117
Cnytousd 非 Shibortolibor 格兰杰原因	0.6660	0.8685	0.9923	0.9952	0.7510	0.7547	0.6538
Shibortolibor 非 Cnytousd 格兰杰原因	1. E－08	2. E－10	3. E－10	3. E－10	5. E－12	2. E－11	3. E－11
Hibortolibor 非 Shibortolibor 格兰杰原因	0.9695	0.9933	0.5099	0.1431	0.0343	0.0570	0.1337
Shibortolibor 非 Hibortolibor 格兰杰原因	0.4803	0.6688	0.2629	0.1311	0.0039	0.0165	0.0879

从格兰杰因果检验的结果看，三种偏离之间存在着一定的格兰杰因果关系，进而可以建立 VAR 方程。

3. 三种抛补利率平价偏离之间的波动溢出关系研究

金融市场之间的信息流动关系比较复杂，既有线性的传导关系，也有非线性的波动溢出关系。为了考察三种抛补利率平价偏离之间的波动溢出效应，根据 AIC 和 SC 准则，建立如下 VAR 方程：

$$\begin{pmatrix} r_{ch,t} \\ r_{hklib,t} \\ r_{shibor,t} \end{pmatrix} = \begin{pmatrix} 0.0019 \\ 0.0054 \\ 0.0031 \end{pmatrix} + \begin{pmatrix} -0.437 & 0.0134 & 0.2297 \\ -0.0374 & -0.2680 & 0.0028 \\ -0.0144 & -0.0262 & -0.0526 \end{pmatrix} \begin{pmatrix} r_{ch,t-1} \\ r_{hklib,t-1} \\ r_{shibor,t-1} \end{pmatrix} + \begin{pmatrix} \varepsilon_{ch,t} \\ \varepsilon_{hklib,t} \\ \varepsilon_{shibor,t} \end{pmatrix}$$

根据该 VAR 模型可得三个市场的残差序列，对其进行 ARCH 检验，显示三个残差序列均存在显著的 ARCH 效应，即残差项的条件方差依赖于前期残差值的大小，进而可对收益率序列进行单个 GARCH 模拟。

表 4.15　**各残差序列基于 GARCH 族模拟的拟合结果（一阶差分后）**

	Cnytousd	Hibortolibor	Shibortolibor
C	0.024494 (0.00203)	0.024071 (0.002030)	0.001152 (0.000273)
ARCH（1）	0.641066 (0.094705)	0.595814 (0.090017)	0.148663 (0.017311)
ARCH（2）			0.180653 (0.016144)
GARCH（1）	0.122350 (0.040166)	0.141441 (0.047083)	-0.114342 (0.035311)
GARCH（2）	-0.043651 (0.013224)	-0.048029 (0.012507)	0.783672 (0.033560)
极大似然值	132.6377	132.5036	312.4573

注：GARCH 滞后阶数由 SC 最小准则确定，括号内为相应系数的标准差，表 4.15 计量软件为 Eviews6.0。

4. DCC 模型估计结果及动态相关关系图

根据上述 GARCH 族拟合结果，可得标准化残差，从而估计 DCC 模型的参数。具体的，本模型对 DCC 采取（1，1）的阶数，对 MV-GARCH 采取（2，2）的阶数，对标准化残差序列进行参数估计，估计结果如下：

表 4.16　**DCC 模型的参数估计结果**

	α_1	β_1
Cnytousd、Hibortolibor、Shibortolibor	0.0316	0.8334

注：①表 4.16 计量软件为 Matlab 7.0。

②Cnytousd：美国市场抛补利率平价偏离

Hibortolibor：香港市场抛补利率平价偏离

Shibortolibor：大陆市场抛补利率平价偏离

从表 4.16 的估计结果来看，α 与 β 均显著不为零，说明滞后 1 期的标准化残差显著影响时变相关系数。其中，β 值接近于 1，说明这种波动性的影响持续性强。根据已得 α 与 β 等结果可绘制出三种抛补利率平价偏离之间的时变相关系数图，如图 4.13、4.14 和 4.15 所示：

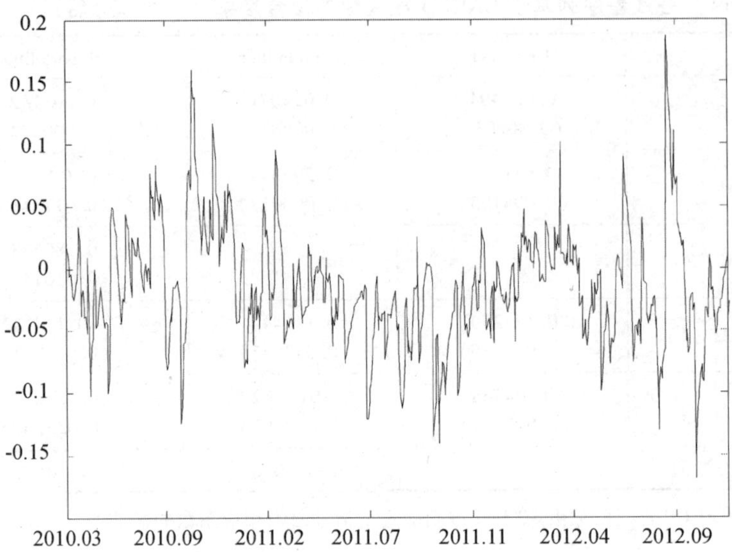

图 4. 13　美国市场抛补利率平价偏离与香港市场抛补利率平价偏离动态相关系数图

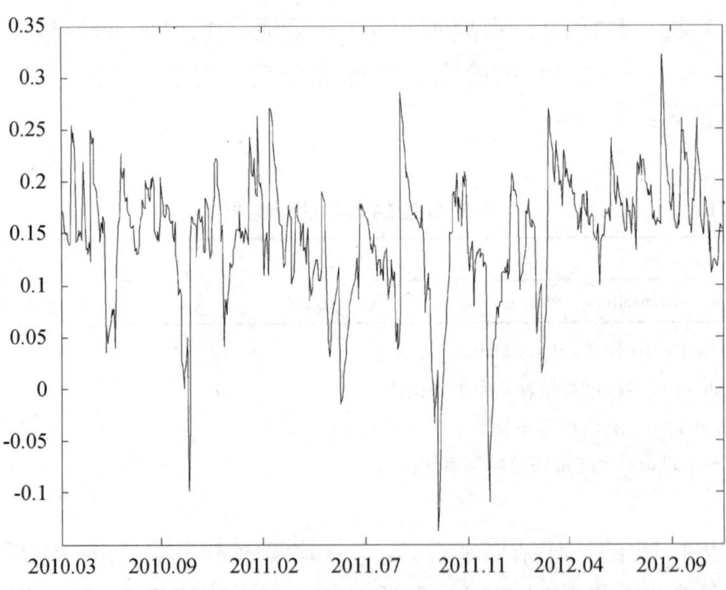

图 4. 14　美国市场抛补利率平价偏离与大陆市场抛补利率平价偏离动态相关系数图

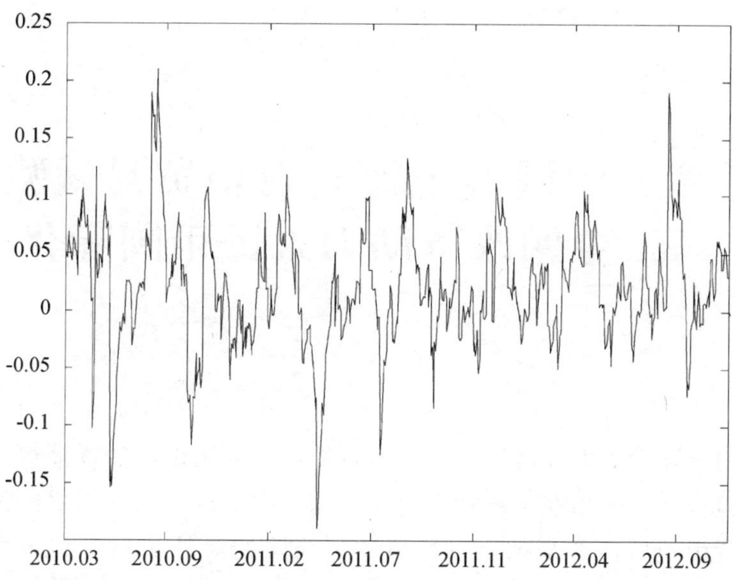

图 4.15 香港市场抛补利率平价偏离与大陆市场抛补利率平价偏离动态相关系数图

从中可以看出，人民币三种抛补利率平价偏离之间的相关关系比较明显，并且具有一定的集聚效应，这表明离岸市场、在岸市场与国外金融市场之间已经存在一定程度的融合。CNH 市场作为一个新兴的离岸人民币市场，在发展的初级阶段，可能存在着一些套利套汇现象，这也是市场发展过程中不可避免的，当然，随着离岸人民币市场的有序发展，离岸市场与在岸市场以及世界市场之间的联系越来越密切，考虑到交易成本，离岸市场与在岸市场之间可能还会存在价差，但是这种差距会逐渐收窄并趋于平衡，这将有利于促进中国与外界的经济及金融联系，最终实现人民币国际化的健康发展。

第五章　中国（上海）自由贸易试验区金融改革助力人民币国际化

作为全球第二大经济体和第一大贸易国，人民币已经逐渐得到国际认可，但目前人民币在全球货币流通和储备中却没有获得与之经济地位相符的货币地位。在全球金融危机中，我国的对外贸易受到很大的冲击，需要进一步推进人民币国际化，以减少对他国经济和货币的依赖。在工业4.0时代，需要进一步提高我国企业的国际化水平和国际竞争力，而能让中国在国际竞争中享有更大的话语权的条件是中国在货币和金融领域的竞争取得突破，人民币一定会在国际货币体系中占据更核心的位置。

随着美国经济的复苏，由美国主导、欧洲和日本响应的TPP（跨太平洋伙伴关系协议）、TTIP（跨大西洋贸易与投资伙伴关系协定）和PSA（多边服务协议）① 全面启动，而中国并不在其伙伴国范围之内。中国经济发展到今天，如何获得进一步可持续发展的动力，需要理清政府与市场的关系，比如政府对要素价格控制尤其是资金价格的控制上表现非常突出，利率市场化、资本账户开放以及汇率形成机制自由化等都是改革的重点。如何进一步转变政府职能，减少审批，以改革为经济发展释放更多的红利，这些都是亟待解决的问题。

---

① 目前，已经有12个国家参与了TPP谈判，21个世界贸易组织成员启动了PSA谈判，内容几乎覆盖了全部的服务业领域（金融、传播、电信、电子商务、物流、运输、旅游、物联网、互联网等）。这三大协议的目标是为了将国际贸易与投资规则的新载体重新构造，甚至通过这三项协议制定新的世界经济规则，并将既有的“中心—外围—边缘—蛮荒”的世界权利分配体系结构强化，凤凰财经网“上海自贸区成立有三大时代背景四项重大使命”，http：//finance. ifeng. com/a/20130927/10773730_ 0. shtml。

我国政府遵循传统的先行先试的原则，先让局部的自贸区在放宽管制的前提下主动打开门户，所有海外投资企业和投资者都可以参与自由贸易和投资。这样可以形成对外的窗户，并可以适当使整个中国制造和服务业受到国外某些高级商业标准的启发和学习。如果试验失败，由于波及范围不广，影响就可以局限在小区域内，而一旦有效且具有非常显著的可行性，就可以进一步复制推广。中国（上海）自由贸易试验区的建立是新形势下中央统筹国内、国际两个大局，推进改革开放的重大举措。试验区不同于传统的自由贸易园区，其目的是打造具有国际高水准的制度创新高地。上海自贸区以开放促改革、以服务贸易开放来加快经济结构调整、以自由贸易区试验向更高标准的开放靠拢，恰恰通过负面清单和准入前国民待遇的试验，向更高标准的开放靠拢，形成可复制可推广的经验，提高中国经济的整体竞争力。之所以选择上海，是因为上海是人民币回流最大的目的地和集散地，那里有全国最全的各种交易所、银行间市场和要素市场。在风险可控的条件下促进资本账户开放，进行双向投资、互相渗透，逐渐实现金融资源的全球优化配置，提升人民币的国际地位。

第一节 中国（上海）自由贸易试验区的建立背景及主要内容

近年来，发达国家主导的跨太平洋战略经济伙伴协定（TPP）、跨大西洋贸易和投资伙伴协议（TTIP）、服务贸易协定（TISA）谈判，以及美国近年来力推的双边投资协定（BIT），为未来全球贸易谈判提供了新的指导性框架，上述贸易投资新规则所引领的自由贸易新趋势，正在重塑国际贸易、投资和世界经济新格局，包括我国在内的新兴市场和发展中国家，面临内部经济结构调整和外部竞争规则变化的双重压力，机遇和挑战前所未有（郑杨，2014）。我国要想从经济大国向经济强国迈进，需要从规则接受者变成规则制定者，上海自贸区的建立就是中国要全面参与国际经济治理的重大举措。上海自贸区的建立也是国家战略中“以开放促改革”的新举措，而自贸区想要扩大现代服务业的开放，其首要目标是要实现金融开放。按照总体方案提出的“打造中国经济升级版”的目标，上海自贸区的金融开放表明中央在自贸区至少希望实现以下两个目标：第一，坚持以开放促改革，试图通过国内外贸易服务关系寻找金融开放新的突破口，开放不仅能够扩大内需，而且能够形成倒逼机制，促进新一轮经济的改革；第二，在中国未来的金融不会局限于局部，仅仅是小范围的突破，通过自贸区希望建立一条能够在全国复制推广，具有大范围经济格局改变的途径。上海自贸区的建立，无疑将加快人民币离岸金融中心、人民币跨境支付清算中心、人民币跨境投融资中心、人民币资产管理中心等中心建设，为人民币国际化提供强大推动力。

作为全球第二大经济体和第二大贸易国，我国虽然从 2009 年起推进人民币跨境使用，但人民币在目前全球货币流通和储备中的作用仍较小，人民币虽然是全球外汇市场中的交易活跃币种，但在全球外汇交易中所占的份额不到 5%，这与中国当前的经济地位和国际影响力仍相差甚远。因此，需要进一步推进人民币国际化，才能减少对别国货币的依赖性，进而提高我国企业的国际化水平和国际竞争力。当然，实现人民币国际化需要具备一些前提条件，如成熟稳定的国内金融市场环境、资本项目基本可兑换和建立发达的离岸金融中心等，其中建立发达的离岸金融中心是必不可少的。从当前看，我国虽然在香港建立了人民币离岸金融市场，但由于回流机制总体欠缺，市场范围有限，而且香港原本就有港币作为本地区自身货币，这也在一定程度上抑制了人民币的使用。因此，我国当务之急是在境内某个区域建立人民币离岸金融中心，为参与国际贸易和投资的居民和非居民提供人民币及人民币资产池，使非居民能够以很低的成本获得、使用和持有人民币，并在不受外汇管制、税收和国内金融法律等约束下，极大地提高人民币在国际市场上的使用频率和效率，发挥人民币的计价、结算、支付、投资和储备等各项职能，为人民币国际化打下坚实基础。

正是基于这样的国际和国内背景，中国（上海）自由贸易试验区终于在 2013 年 8 月 22 日经国务院正式批准设立，于 9 月 29 日上午 10 时正式挂牌开张，中国（上海）自由贸易试验区是中国政府设立在上海的区域性自由贸易园区，属于中国自由贸易区范畴。试验区初始总面积为 28.78 平方公里，相当于上海市面积的 1/226；2014 年 12 月，上海自贸区由原先的 28.78 平方公里扩至 120.72 平方公里，范围涵盖上海市外高桥保税区（核心）、外高桥保税物流园区、洋山保税港区和上海浦东机场综合保税区等四个海关特殊监管区域和金桥开发片区、张江高科技园区和陆家嘴金融片区。试验区肩负着我国在新时期加快政府职能转变、积极探索管理模式创新、促进贸易和投资便利化，为全面深化改革和扩大开放探索新途径、积累新经验的重要使命，是国家战略需要。①

上海自贸区的总体目标是加快政府职能转变；扩大投资领域开放；深化金融领域的开放创新；探索资本项目可兑换和金融服务业全面开放；完善法制领域的制度保障、培育国际化和法治化的营商环境；综合建设成为具有国际水准的投资贸易便利、货币兑换自由、监管高效便捷、法制环境规范的自由贸易试验区。尽量减少现在使用的法律规定，尽量增加在制度上的创新，成为上海自贸区这块改革试验区肩负的重任。上海自贸区最大的制度创新在于负面清单管理，最新的负面清单是2015 年 4 月 22 日公布的，由原来的 190 条减少到 122 条，进一步缩短了限制的范围，使得自贸区的政策环境更加开放和透明。上海自贸区的具体改革举措有：一是深化行政管理体制改革：加快转变政府职能，改革创新政府管理方式，按照国际化、法治化的要求，积极探索建立与国际高标准投资和贸易规则体系相适应的行政管理体系，推进政府管理由注重事先审批转为注重事中、事后监管。建立一口受理、综合审批和高效运作的服务模式，完善信息网络平台，实现不同部门的协同管理机制。二是扩大投资领域的开放：选择金融服务、航运服务、商贸服务、专业服务、文化服务以及社会服务领域扩大开放（具体开放清单见附件），暂停或取消投资者资质要求、股比限制、经营范围限制等准入限制措施（银行业机构、信息通信服务除外），营造有利于各类投资者平等准入的市场环境。三是探索建立负面清单管理模式：借鉴国际通行规则，对外商投资试行准入前国民待遇，研究制定试验区外商投资与国民待遇等不符的负面清单，改革外商投资管理模式。对负面清单之外的领域，按照内外资一致的原则，将外商投资项目由核准制改为备案制（国务院规定对国内投资项目保留核准的除外），由上海市负责办理；将外商投资企业合同章程审批改为由上海市负责备案管理，备案后按国家有关规定办理相关手续；工商登记与商事登记制度改革相衔接，逐步优化

① 这部分的内容主要参考 2013 年 9 月 27 日国务院公布的《中国（上海）自由贸易试验区总体方案》，http://www.gov.cn/zwgk/2013－09/27/content_2496147.htm。

登记流程；完善国家安全审查制度，在试验区内试点开展涉及外资的国家安全审查，构建安全高效的开放型经济体系。在总结试点经验的基础上，逐步形成与国际接轨的外商投资管理制度。四是构筑对外投资服务促进体系：改革境外投资管理方式，对境外投资开办企业实行以备案制为主的管理方式，对境外投资一般项目实行备案制，由上海市负责备案管理，提高境外投资便利化程度。创新投资服务促进机制，加强境外投资事后管理和服务，形成多部门共享的信息监测平台，做好对外直接投资统计和年检工作。支持试验区内各类投资主体开展多种形式的境外投资。鼓励在试验区设立专业从事境外股权投资的项目公司，支持有条件的投资者设立境外投资股权投资母基金。五是推进贸易发展方式转变：推动贸易转型升级，积极培育贸易新型业态和功能，形成以技术、品牌、质量、服务为核心的外贸竞争新优势，加快提升我国在全球贸易价值链中的地位。鼓励跨国公司建立亚太地区总部，建立整合贸易、物流、结算等功能的营运中心。深化国际贸易结算中心试点，拓展专用账户的服务贸易跨境收付和融资功能。支持试验区内企业发展离岸业务。鼓励企业统筹开展国际国内贸易，实现内外贸易一体化发展。探索在试验区内设立国际大宗商品交易和资源配置平台，开展能源产品、基本工业原料和大宗农产品的国际贸易。扩大完善期货保税交割试点，拓展仓单质押融资等功能。加快对外文化贸易基地建设。推动生物医药、软件信息、管理咨询、数据服务等外包业务发展。允许和支持各类融资租赁公司在试验区内设立项目子公司并开展境内外租赁服务。鼓励设立第三方检验鉴定机构，按照国际标准采信其检测结果。试点开展境内外高技术、高附加值的维修业务。加快培育跨境电子商务服务功能，试点建立与之相适应的海关监管、检验检疫、退税、跨境支付、物流等支撑系统。六是提升国际航运服务能级：积极发挥外高桥港、洋山深水港、浦东空港国际枢纽港的联动作用，探索形成具有国际竞争力的航运发展制度和运作模式。积极发展航运金融、国际船舶运输、国际船舶管理、国际航运经纪等产业。加快发展航运运价指数衍生品交易业务。推动中转集拼业务发展，允许中资公司拥有或控股拥有的非五星旗船，先行先试外贸进出口集装箱在国内沿海港口和上海港之间的沿海捎带业务。支持浦东机场增加国际中转货运航班。充分发挥上海的区域优势，利用中资“方便旗”船税收优惠政策，促进符合条件的船舶在上海落户登记。在试验区实行已在天津试点的国际船舶登记政策。简化国际船舶运输经营许可流程，形成高效率的船籍登记制度。七是深化金融领域的开放创新：加快金融制度创新，在风险可控前提下，可在试验区内对人民币资本项目可兑换、金融市场利率市场化、人民币跨境使用等方面创造条件进行先行先试。在试验区内实现金融机构资产方价格实行市场化定价。探索面向国际的外汇管理改革试点，建立与自由贸易试验区相适应的外汇管理体制，全面实现贸易投资便利化。鼓励企业充分利用境内外两种资源、两个市场，实现跨境融资自由化。深化外债管理方式改革，促进跨境融资便利化。深化跨国公司总部外汇资金集中运营管理试点，促进跨国公司设立区域性或全球性资金管理中心。建立试验区金融改革创新与上海国际金融中心建设的联动机制。八是增强金融服务功能：推动金融服务业对符合条件的民营资本和外资金融机构全面开放，支持在试验区内设立外资银行和中外合资银行。允许金融市场在试验区内建立面向国际的交易平台。逐步允许境外企业参与商品期货交易。鼓励金融市场产品创新。支持股权托管交易机构在试验区内建立综合金融服务平台。支持开展人民币跨境再保险业务，培育发展再保险市场。九是完善法制领域的制度保障：完善法制保障，加快形成符合试验区发展需要的高标准投资和贸易规则体系。针对试点内容，需要停止实施有关行政法规和国务院文件的部分规定的，按规定程序办理。① 十是营造相应的监管和税收制度环境：创新监管服务模式，推进实施“一线放开”，坚决实施“二线安全高效管住”，进一步强化监管协作的政策。允许企业凭进口舱单将货物直接入区，再凭进境货物备案清单向主管海关办理申报手续，探索简化进出境备案清单，简化国际中转、集拼和分拨等业务进出境手续；实行“进境检疫，适当放宽进出口检验”模式，创新监管技术和方法。探索构建相对独立的以贸易便利化为主的货物贸易区域和以扩大服务领域开放为主的服务贸易区域。在确保有效监管的前提下，探索建立货物状态分类监管模式。深化功能拓展，在严格执行货物进出口

① 其中，经全国人民代表大会常务委员会授权，暂时调整《中华人民共和国外资企业法》、《中华人民共和国中外合资经营企业法》和《中华人民共和国中外合作经营企业法》规定的有关行政审批，自2013年10月1日起在三年内试行。各部门要支持试验区在服务业扩大开放、实施准入前国民待遇和负面清单管理模式等方面深化改革试点，及时解决试点过程中的制度保障问题。上海市要通过地方立法，建立与试点要求相适应的试验区管理制度。

税收政策的前提下，允许在特定区域设立保税展示交易平台。优化卡口管理，加强电子信息联网，通过进出境清单比对、账册管理、卡口实货核注、风险分析等加强监管，促进二线监管模式与一线监管模式相衔接，推行“方便进出，严密防范质量安全风险”的检验检疫监管模式。加强电子账册管理，推动试验区内货物在各海关特殊监管区域之间和跨关区便捷流转。试验区内企业原则上不受地域限制，可到区外再投资或开展业务，如有专项规定要求办理相关手续，仍应按照专项规定办理。推进企业运营信息与监管系统对接。通过风险监控、第三方管理、保证金要求等方式实行有效监管，充分发挥上海市诚信体系建设的作用，加快形成企业商务诚信管理和经营活动专属管辖制度。以切实维护国家安全和市场公平竞争为原则，加强各有关部门与上海市政府的协同，提高维护经济社会安全的服务保障能力。试验区配合国务院有关部门严格实施经营者集中反垄断审查。加强海关、质检、工商、税务、外汇等管理部门的协作。加快完善一体化监管方式，推进组建统一高效的口岸监管机构。探索试验区统一电子围网管理，建立风险可控的海关监管机制。进一步探索与试验区相配套的税收政策，实施促进投资的税收政策。注册在试验区内的企业或个人股东，因非货币性资产对外投资等资产重组行为而产生的资产评估增值部分，可在不超过五年期限内，分期缴纳所得税。对试验区内企业以股份或出资比例等股权形式给予企业高端人才和紧缺人才的奖励，实行已在中关村等地区试点的股权激励个人所得税分期纳税政策。实施促进贸易的税收政策。将试验区内注册的融资租赁企业或金融租赁公司在试验区内设立的项目子公司纳入融资租赁出口退税试点范围。对试验区内注册的国内租赁公司或租赁公司设立的项目子公司，经国家有关部门批准从境外购买空载重量在 25 吨以上并租赁给国内航空公司使用的飞机，享受相关进口环节增值税优惠政策。对设在试验区内的企业生产、加工并经“二线”销往内地的货物照章征收进口环节增值税、消费税。根据企业申请，试行对该内销货物按其对应进口料件或按实际报验状态征收关税的政策。在现行政策框架下，对试验区内生产企业和生产性服务业企业进口所需的机器、设备等货物予以免税，但生活性服务业等企业进口的货物以及法律、行政法规和相关规定明确不予免税的货物除外。完善启运港退税试点政策，适时研究扩大启运地、承运企业和运输工具等试点范围。此外，在符合税制改革方向和国际惯例，以及不导致利润转移和税基侵蚀的前提下，积极研究完善适应境外股权投资和离岸业务发展的税收政策。

第二节　中国（上海）自由贸易区的金融改革

2013 年 12 月 2 日，为支持上海自贸区的金融改革，中国人民银行出台《关于金融支持中国（上海）自由贸易试验区建设的意见》（以下简称《意见》）。对各项规定进行归纳分析，央行实际上是从制度规则的制定、市场整体运作模式的角度对于以下几个方面提出了具体的实施措施：第一是扩大人民币的跨境使用，第二是对企业和金融机构的投融资汇兑提供便利，第三是积极推动人民币汇率市场化，第四是外汇管理改革，这些措施的推出会对金融市场建设起到促进作用。

上海自贸区率先在自贸区实现资本项目可兑换和利率汇率自由化，上海允许试验区内符合条件的中资银行可以开办离岸业务，允许融资租赁公司兼营与主营业务有关的商业保理业务，允许外资银行可以由符合条件的外资金融机构设立等。中国若实现资本项目可兑换，意味着汇率自由化和利率市场化，而这正是中国下一步金融体制改革的难关和重点所在。如若上海自贸区上述试验获得成功，将在全国起到示范作用，先行先试的方式就会成功，实现以开放促改革。以香港为代表的人民币离岸市场已经拥有非常完善的人民币基础金融产品，而且衍生工具产品也在不断发展，这些可直接被上海自贸区借鉴使用。而上海自贸区“一线放开，二线管住”的安排，恰为上述使用创造了条件。与此同时，随着上海人民币市场的深化，将会吸引更多金融及相关的服务机构落户上海，服务贸易得到扩张，产业结构将会更加稳固。上海自贸区金融安排的核心是形成离岸人民币市场和在岸人民币市场的连接桥梁，做到“一个账户”、“一个市场”（曹远征，2013）。

上海自贸区建立后，相关的政策措施对资金的流入和流出减少了很多限制，区内企业和金融机构参与证券和期货交易的场所，将扩展至整个上海地区，这扩大了投融资地域的范围，非常有利于资金的聚集。而且对于在自贸区内注册的企业，央行也为其境外母公司在我国资本市场上发行人民币债券进行融资提供了一系列政策上的便利。因此，很多国内外金融机构对进驻自贸区产生了兴趣，同时也鼓励了民营资本和外资机构共同设立中外合资银行。金融机构的数量和类型在区内将会迅速增加，由于区内实行便利的人民币直接结算方式，可以吸纳大量资金进入自贸区，资金的聚集会在区内形成人民币的储蓄池，国际金融机构将通过这种方式拥有足够的人民币来进行交易，在这个庞大的储蓄池内，是允许全球国际市场的金融业与我国金融业一起进行资本运作的。长期来看，政府放松对直接融资的管制，扶植非银行金融机构的发展，促进人民币对外投资，人民币的使用范围将会越来越广。可以预见的未来，随着资本账户的稳步放开，人民币自由兑换将会实现，利率也因为市场化后随其自由浮动，这必然会冲击到境内区外的货币体系，进一步加深国内地区人民币开放速度，最终推动人民币国际化。

一　上海自贸区金融改革的总体框架与主要内容

在金融改革方面，人民币资本项目可兑换、金融市场利率市场化、人民币跨境使用和外汇管理改革等领域在这块长江入海处的120.72平方公里土地进行先行先试。自贸区成立后，中国人民银行、银监会、证监会和保监会先后出台51条支持自贸区建设的指导意见，明确了自贸区金融改革的总体方向和框架。

1. 加快金融制度创新，促进人民币资本通道畅通。在可以控制风险的前提下，可在试验区内对人民币资本项目可兑换、金融市场利率市场化、人民币跨境使用等方面创造条件进行先行先试。在具体的实施细则中，对境外融资的规模和渠道都进行了扩充，企业和各类金融机构可以自主从境外融入资金，调整了经济主体从境外融资的杠杆率，企业的融资规模双倍增加。按照以前的规定银行是不能从境外融入人民币资金，在新的政策框架下，本币资金就可以从境外融入。不仅如此，非银行金融机构如证券公司等，政策中对其从境外融入资金也不会限制。在试验区内实现金融机构资产方实行市场化定价。面向国际的外汇管理改革试点也在逐步探索中，建立与自由贸易试验区相适应的外汇管理体制，全面实现贸易投资便利化。鼓励企业充分利用境内外两种资源、两个市场，实现跨境融资自由化。推动跨国公司总部尝试将外汇资金集中管理运营，以此促进跨国公司在自贸区内能够设立全球集中性的资金管理中心。使自贸区的金融改革创新能够帮助建设上海国际金融中心。

2. 加强金融服务功能。对符合条件的企业，如民营资本和外资金融机构，由金融服务业推动其全面开放，鼓励在试验区内设立中外合资银行和外资银行；在自贸区内已经开始允许金融市场建立向国际开放的交易平台；逐步推进不仅包含境内企业，还包含境外企业参与的商品期货交易；支持金融市场产品创新；鼓励在试验区内建立综合金融服务平台，此平台由股权托管交易机构主导。为了更好地开展自贸区的金融改革，央行实际上已经将触角延伸至境外，部分措施在境外开始实践，由于允许在境外资本市场发行人民币债券，可以大幅度增加国际上人民币的流量，提高人民币在国际上的影响力。对外债管理方式改革进行深化，促进跨境融资更加便利化。鼓励人民币跨境再保险业务的开展，扩大发展再保险市场。

3. 扩大人民币跨境使用。经过多年的发展，我国人民币跨境使用已经有明显的成效，但是跨境使用占全球的市场份额依然很低。因此，人民币国际化道路的必要条件就是扩大人民币跨境使用范围。从根本上讲，这需要境外的企业或个人能够接受并且使用人民币结算。2014 年 2 月 21 日，中央银行上海总部就发布了《关于支持中国（上海）自由贸易试验区扩大人民币跨境使用的通知》（以下简称《通知》），在《通知》中，紧密围绕“服务实体经济，便利跨境投资和贸易”，对自贸区经常和直接投资项下人民币跨境使用过程做了进一步的简化，准确地划定了人民币跨境借款规模和使用范围、跨境电子商务结算和人民币交易服务等新型业务。在简化过程、扩大人民币跨境使用方面，《通知》提出了两方面内容：一是跨境人民币结算在区内经常和直接投资项下更加简便，二是允许区内个人可以办理经常项下跨境人民币结算业务；而个人通常使用的小额外币存款，是指外币存款量在 300 万美元以下的存款。目前在上海自贸区内之外的中国境内，只有 300 万美元以上的等值外币存款协议利率定价才被允许，不仅如此，对小额外币存款利率是设有上限的。在对小额外币存款利率上限放开后，上海自贸区作为先行地，将在全国首先实现外币存款利率的完全市场化，更在负债产品市场化定价上先行。2014 年 2 月的这份《通知》包含了跨境人民币支付、跨境人民币使用、放开小额外币存款利率上限、外汇管理体制改革、反洗钱和反恐怖融资五项实施细则，这也算是上海自贸区中的首份金融细则。这份细则的出台推出了支付机构跨境人民币支付业务，这有助于对海外购物大军减少汇兑成本，有助于进出口企业增加交易方式，同时还有助于支付机构开展业务。扩大跨境使用人民币的具体措施主要是允许区内企业以及个人等直接办理经常项下和直接投资的跨境人民币结算业务的银行业，不再局限于自贸区内的银行机构，而是扩大至整个上海地区的银行和金融机构。此外，还许可上海地区的银行业在结算过程中可以与互联网的支付机构进行合作，为跨境电子商务提供人民币结算业务，满足了现在使用人民币直接结算的要求。上海自贸区监管原则是"一线放开，二线管住"，这一原则要求在控制风险的基础上实现自贸区内对上海乃至中国区域的缓慢渗透。为了能够使上海自贸区面向国际市场且调动境外企业与个人使用人民币结算的积极性，让更多国家的企业和个人使用人民币进行结算，就必须要求银行简化人民币结算的手续和流程。2014 年 2 月 21 日，中国银行上海市分行便与澳门分行和新加坡分行合作，为了上海自贸区联合发展有限公司的厂房和仓库的维护，为其办理了 1 亿元人民币境外借款，这也是第一项支持上海自贸区的跨境人民币贷款。企业贷款的成本包括贷款利息、相关税费等，总计要低于国内人民币借款的平均成本，使自贸区内企业得到了优惠。企业融资成本大幅度降低，这都是通过自贸区的金融改革而获得的收益。在人民币跨境使用方面，上海自贸区正努力成为人民币产品定价和清算中心。例如，允许跨国集团在自贸区内开展集团内跨境双向人民币资金池业务；允许机构在自贸区内开展跨境人民币支付业务，京东、腾讯、支付宝等都已完成注册；自贸区内的企业和非银行金融机构，可借用 1 倍或 1. 5 倍于实缴资本的人民币。

除此之外，上海自贸区内的交易所建设也风生水起。据戴海波介绍，目前上海国际能源交易中心已挂牌成立，上海联合产权交易所已在区内设立资产交易服务平台，上海国际黄金交易所已办理工商注册登记，上海国际金融资产交易中心正在加紧筹建。另外，中国外汇交易中心、中国金融期货交易所、上海清算所和上海股权交易中心，都将在自贸区内新设或增设交易场所。自贸区内投资者和国际投资者可以直接参与这些金融市场的投资活动。

4. 建立人民币回流渠道。其他国家的政府、企业或个人手中若持有大量人民币，那么就会进一步推进人民币行使国际货币职能。所以对于境外的机构和个人而言，利用人民币是否能够再创造价值，其渠道是否畅通成为了大家所关心的问题。回顾历史，在自贸区成立之前，人民币并不能被他国普遍接受，而且我国政策也限制了人民币资本交易市场，使得境外机构进入境内进行人民币资本的交易的情况较多。并且近年来在香港的人民币离岸市场中，由于其发行的人民币债券及其他人民币业务速度减缓，故境外持有人民币的机构和个人会因为回流渠道不顺畅而影响到其持有人民币的信心。为了扩大人民币的使用范围，央行也对于资本市场的放开采取了具体的措施，如在自贸区内的企业和金融机构参与直接融资渠道（证券和期货投资交易的场所）扩展至整个上海地区；允许自贸区内的企业和个人在区内设立投资账户，各类境内投资在法律规定的范围内都可以进行，如证券类投资。这些措施的提出突破了原有对于境内投资者的投资限制，若遵循这些规定，在自贸区内的境外投资者可以进入上海市内的证券和期货交易所进行交易，人民币的离岸使用价值将会提高，而人民币回流渠道的拓宽，必然会使更多国家慢慢认可并接受人民币，持有量一定会逐步上升。离岸资金为了完成人民币回流，就考虑通过上海自贸区，可以利用分账管理细则所提及的四个渠道，即经常项目、人民币贷款（存续期超过半年）、实业投资（包含新建投资）以及其他规定的跨境交易。由此可见，上海自贸区货币回流的目标在有效监管的前提下促使国家经济发展尤其是为实体经济服务（周宏达，2014）。

5. 将简政放权作为重点，尽可能地简化外汇管理审批过程。具体包括，对经常项目收结汇、购付汇单证审核进行简化；直接投资外汇登记手续进行浓缩，下放到银行，来办理直接投资项下外汇登记及变更登记，对外商投资企业外汇资本金采用意愿结汇。与此同时，《通知》还削减了部分的债权债务行政审批手续，促进了跨境融资的大范围便利化；自贸区反洗钱措施主要包括了坚决依法履行反洗钱义务，建立健全与自贸区业务相关的反洗钱内部控制制度，将系统支持提供给自贸区的资金监测和分析中，在了解风险水平的同时，做好客户尽职调查和采取有效的风险处置措施，重点关注与业务实际控制人或业务交易实际受益人的尽职调查，对自由贸易账户及主体加强监管和分析，仔细调查自由贸易账户资金划转的背景，对创新业务的反洗钱审查进行强化，开展创新业务的前提是对风险做到最有效的控制，对自贸区跨境业务全流程加强反洗钱风险管理，严格执行反洗钱审查、资金监管和名单监管工作。

6. 为总部经济提供便利。2014年自贸区试点的一系列新业务中比较引起大家关注的是跨境人民币双向资产池。为了集团跨国经营更加方便，中国人民银行的细则为自贸区部署了跨境人民币双向资金池的计划。按照规定，为了实现境外子账户和境内子账户资金双向自由划转，集团就只需要在自贸区内设立一个主账户，让其分别与境内外子账户资金划转即可。跨境双向人民币资产池是指根据自身经营和管理需要的跨国企业集团，将跨境人民币资金余缺调剂和归集业务在非金融成员企业之间开展，划归为企业集团内部的经营性融资活动。跨国企业集团总部可以允许在中华人民共和国境内依法注册成立并开始着手经营或投资，开展跨境双向人民币资金池的企业主要是那些具有独立法人资格的成员企业（包括财务公司）。监管者以贸易便利化和投资便利化为出发点和着力点，已经依次发布了本外币资金池、人民币境外借款、跨境人民币集中收付和外商投资意愿结汇等业务细则。这些试点将吸引跨国公司在上海自贸区设立总部，形成集团经济，且对于发展新型贸易产业状态有利，跨境投资和贸易成本也在逐步降低，使得整个自贸区的企业更加有活力和竞争力。人民币跨境使用还有助于推进人民币国际化，作为连接在岸市场和离岸市场的桥梁，推动将上海建立成为人民币产品定价和清算中心。中国人民银行准许意见指出，自贸区的金融改革要坚持服务实体经济，要始终控制风险，将人民币跨境使用、人民币资本项目可兑换、利率市场化和外汇管理等领域改革试点逐步推进，正如中国人民银行行长周小川所提出的“成熟一项、推动一项”。跨境双向人民币资金池业务是跨国企业在境内外实体企业间流动资金切实可行的有效方法，能够帮助企业通过资金池的方式将境内外业务的运营资金进行集中整合，甚至能够自动连接全球资金池，因此使得企业的运营资金更加的便捷且透明化，企业的流动资金的管理则更加优越。

截至2014年4月，自贸区内跨境人民币双向资金池收支金额超过46亿元，其中建行份额较大，占16亿元，客户涵盖跨国公司、民营企业和国有大型集团。此外，外币资金池在自贸区的试点也于5月亮相，结束了2012年以来在北京、上海等城市试点的名单限制。5月16日，自贸区里首批21家企业分别与13家银行现场签署了跨国公司总部外汇资金集中运营管理的合作协议。2014年5月份启动的跨国公司总部外汇资金集中运营管理试点，也是上海自贸区金融创新的重头戏，首批签约21家试点企业。试点启动后，跨国公司可同时或单独设立国内、国际外汇资金主账户，集中管理境内外成员企业外汇资金，开展资金集中收付汇，轧差净额计算（李前，2014）。

二　上海自贸区自由贸易账户落地

自贸区的整体思路可以概括为放开一线城市、管住二线城市、再慢慢渗透到整个金融市场中。这代表我们必须严格控制风险，防止热钱大量地流进流出，冲击整个金融市场，影响整个经济运作，做好这些措施才能保证更有保障地扩大金融对外开放。并且自贸区的作用不仅仅是构造一个离岸金融中心，只是面向境外市场，还要为全国其他地区做好模范带头作用，为他们提供可以借鉴、能够推广的宝贵经验。

因此，试验区最为引人关注的是希望在这片区域中建造一个在岸市场和离岸市场同时并存的可管理的自由贸易账户结构。在这个结构中，自贸账户与境外账户之间的资金可以实现自由转移；而必须在贸易、实业投资等实体经济需要的条件下自贸账户与境内的银行才能实现资金的转移。当达到一定条件时，账户内本外币资金可以自由兑换。在建立自贸账户结构的基础上才能使未来的跨境投融资更加便利，使资本市场更加开放。

作为《关于金融支持中国（上海）自由贸易试验区建设的意见》的核心政策，2014年5月22日，央行上海总部正式发布自贸区分账核算业务的实施细则和风险审慎管理细则，业内关注的自由贸易账户（FT账户）终于落地。开设FT账户个人所需要具备的条件是在自贸区内就业并缴纳税费满一年，境外个人则需要在区内工作超过一年。境外机构也可以申请开立自贸账户，与此同时享受准入前国民待遇原则下的金融服务。自贸账户的建立首先是打开了人民币市场，将人民币国际化又向前推进一步，再逐步扩展外币。FT账户可以说是金融创新政策的核心，为下一步投融资便利化提供了载体。自由贸易账户业务一经推出，就有多家银行通过风险评估，着手为自贸区内的企业和个人开设自由贸易账户。2014年6月18日，自贸区自由贸易账户业务正式启动，中国银行上海分行、中国工商银行上海分行、中国建行上海分行、上海浦东发展银行上海分行、上海银行五家银行已接入央行上海总部系统，实现了开立 FT 账户的功能。

各银行对于推动外币纳入自由贸易账户达成了共识。同时有银行提出，可进一步推进同业机构自由贸易账户项下人民币利率市场化，同业机构自由贸易账户项下人民币资金与香港市场相通。而香港市场是市场化利率，目前自贸区市场是非市场化利率，前一个市场的竞争力自然更胜一筹，因此大多数银行提出应该对区内投融资汇兑便利作进一步的推进：尤其是对资本市场的稳步开放，支持自贸区内机构投资境内外资本市场，允许在境内资本市场发行人民币债券，但仅限于在自贸区内企业的境外母公司；允许境内公司可以参与国际金融市场，进行衍生品交易，以帮助他们更好地对冲风险。为区内机构在向境外进行本外币资金融通时提供便利，但必须建立在宏观审慎管理框架中；有银行建议对跨境借款方面的政策应该进一步放宽，包括提高自贸区内企业的对外借款额度、对自贸区内企业对外融资征收的税率降低以及放宽跨境人民币借款资金的用途等；还有一部分银行提议适时开放自贸区内个人分账核算业务项下资本市场投资业务，希望能够尽快出台包括 QDII2 等在内的自贸区个人跨境投资相关政策。可喜的是，“择机推出合格境内个人投资者境外投资试点”，被明确列入国务院 2015 年 5 月中旬批复的《关于 2015 年深化经济体制改革重点工作的意见》中，首批试点城市包括上海、天津、重庆、武汉、深圳和温州。

三　上海自贸区金改 3.0

在上海自贸区建设中，金融领域改革既是重点，又是难点。综合国务院与各部委各项政策及上海市配套措施，可以看出自贸区金融改革超过我国此前任何的金融改革试验。从文本上看，金融开放列为中国（上海）自由贸易试验区服务业扩大开放措施的重中之重，体现了其在自贸区服务业扩大开放的核心地位。

2015 年 2 月 12 日，备受期待的上海自贸区新一轮金融改革正式启动。央行上海总部在沪发布《上海自贸区分账核算业务境外融资与跨境资金流动审慎管理实施细则》（下称《实施细则》），被简称为“上海自贸区金改 3.0”①。其核心是：自贸试验区企业和各类金融机构都可自主从境外融资；适用于整个上海自贸试验区，范围含扩区前和扩区后；取消境外融资的前置审批，事前不再审批，依托 FT 账户管理系统进行事中事后监管；运用新的管理方式如风险转换因子，在上海率先明确资本账户可兑换路径和风险管理方式。② 上海自贸区的开放优势在于：在可以控制风险的前提下，能够在区内实现人民币资本项目可兑换、金融市场利率市场化、人民币跨境使用等改革措施；对符合条件的民营、外资资金设立相关金融服务平台，从事相关金融服务，给予极大的支持。

中国人民银行上海总部发布《实施细则》后，央行上海总部副主任兼上海分行行长、国家外汇管理局上海市分局局长张新就市场关注问题进行了详细解读。张新将自贸区金融改革分为三个阶段：2013 年 9 月，国务院印发《中国（上海）自由贸易试验区总体方案》，上海市会同“一行三会”据此出台了支持自贸试验区建设的“51 条”意见，上海的“一行三局”相应出台实施细则，确立了金融支持自贸区建设的总体政策框架，这是自贸区金改的 1.0 版；2014 年 5 月，央行上海总部建立的自由贸易账户（FT 账户）系统正式投入使用，围绕贸易和投资便利化金融改革政策全面实施，以自由贸易账户为核心的强大风险管理系统正式投入运行，自贸区金改进入 2.0 版。截止到 2015 年 2 月，共有 13 家中外资银行接入自由贸易账户系统，开立自由贸易账户 1 万多个，区内企业人民币境外借款累计发生 120 笔，金额达 197 亿元，利率仅为 4.2%，显著低于境内融资利率，企业融资成本大幅度降低。自贸区金改 3.0 版将在一些关键领域取得突破，其核心是围绕上海国际金融中心建设的各个要素，使资本项目可兑换得到全面有序实施。其中，自贸区企业和金融机构境外融资全面放开，上海个人境外投资落地实施，利率市场化全面推进，上海金融市场实现与国际市场双向开放，金融业扩大对内对外开放，金融监管的负面

---

① 参考中国人民银行上海总部详解上海自贸区金融改革 3.0 版，http：//money.163.com/15/0213/08/AIAP940000253B0H.html。

② 详见上海自贸区进入“金改 3.0 版”，央行上海总部副主任张新详解新政创新点，http：//news.xinhuanet.com/local/2015-02/13/c_127490660.htm。

清单管理全面实施，以 FT 账户系统为标志的强大的事中事后风险管理和金融安全系统全面到位，安全、快速、同步地推进自贸区建设与上海国际金融中心建设。

《实施细则》的出台表明自贸区金融改革将进入下一个全新的阶段，上海金融市场与国际市场的双向开放，扩大金融业准入的对内对外开放，使资本项目可兑换进一步放宽，全面开放自贸区企业和金融机构在境外融资的窗口，上海个人境外投资正式开始实施，全面推进利率市场化，建立强大的事中事后风险管理和金融安全系统，安全、快速地推进自贸区建设，同时进一步推进上海国际金融中心建设。

帮助实体经济更加便利，“在风险可控的前提下，支持有真实经济背景的跨境融资活动，支持企业运用境内外两个市场、两种资源降低融资成本”，这是 2014 年 9 月李克强总理在视察指导上海自贸区工作时提出的要求。故此次的《实施细则》对企业确实有需要、有利于实体经济发展的跨境资金流动提供了有力的支持，进一步满足了区内企业和金融机构的合理境外融资需求。这使得区内的企业可以通过自由贸易账户更加便利地从境外融入低成本的本外币资金来满足自身经营的需求，企业可以自行选择境内外两种市场、两种资源，进一步降低融资成本，为企业的生产经营活动带来实际的利益，真正做到贴近实体企业的需要；《实施细则》在境外融资业务管理上的创新之处在于：一是扩大了境外融资的规模和渠道，企业和各类金融机构可以自主从境外融入资金。《实施细则》上调了经济主体从境外融资的杠杆率，企业融资规模从原来资本的 1 倍扩大到 2 倍。银行原来不能从境外融入人民币资金，在新的政策框架下，可以从境外融入本外币资金。非银行金融机构如证券公司等，也能从境外融入资金；二是运用风险转换因子等新的管理方式，优化境外融资结构；三是将事前审批改为事中事后监管，取消了境外融资的前置审批，扩大了经济主体的自主权；四是建立了宏观审慎的境外融资风险管理新模式。总而言之，这是在上海率先明确资本账户可兑换的路径，即全面放开本、外币境外融资，将本、外币融资纳入统一的政策框架内，中外资企业或金融机构可依据统一规则，自主选择从境外借用人民币资金还是外币资金。同时，在管理方式上，依托 FT 账户管理系统，采用风险转换因子等现代管理手段，对风险进行 24 小时逐笔实时监测，确保金融安全。各类融资主体境外融资规模是通过不同的“风险转换因子”算出来的，融资主体的境外融资规模，为其各项境外融资余额与期限风险转换因子、币种风险转换因子、类别风险转换因子的乘积之和。① 确保不发生区域性系统性风险，是自贸试验区金融改革的底线，重点监测的境外融资风险，主要是偿债风险和由境外融资带来的跨境资金流动对境内市场的冲击风险。央行上海总部对境外融资风险的防范措施包括：利用 FT 账户管理系统构成的“电子围网”对境外融资的风险进行隔离和管理；建立跨境领域的宏观审慎管理框架；设置微观指标触发宏观调控的风险管理和干预机制；运用各类调控工具和风险预警指标进行相应调节。此外，央行还将与上海市政府相关部门、金融监管部门、金融机构共同建立自贸区分账核算业务境外融资的风险监测协调机制。

《实施细则》有利于加快上海国际金融中心建设，上海地区金融机构，只要是设立自由贸易账户的，利用自由贸易账户系统，都可以从境外融资，因此自贸区金融改革发展将会有更广阔的政策平台，充分体现了政策中自贸试验区与上海国际金融中心建设相互依存、共同发展的主要思想，在推动上海自贸区更发展的同时，也将平稳地推动上海国际金融中心建设；《实施细则》也是国家金融改革先行先试的执行，自贸区作为试验田的作用将加速发挥出来。

从 2014 年 5 月分账核算业务实施细则发布以来，上海金融机构不仅开始为符合条件的区内或境外机构、企业开立自由贸易账户，而且采取了资金拨划。自由贸易账户的创新在于首先通过建立分账核算单元，只要是区内主体开立自由贸易账户的，就为其提供一系列的金融服务，如经常项目、直接投资和投融资创新等业务。其次自由贸易账户和境外

---

① 还款期限在 1 年以上（不含）的中长期融资的期限风险转换因子设定为 1，还款期限在 1 年以下（含）的短期融资设定为 1.5；境外融资以人民币计价的，币种风险转换因子设定为 1，以外币计价结算的设定为 1.5；表内融资的类别风险转换因子设定为 1，表外融资的设定为 0.2 和 0.5 二档。境外融资上限的计算公式为“资本 × 境外融资杠杆率 × 宏观审慎调节参数”。宏观审慎调节参数初始值设定为 1。境外融资杠杆率则按融资主体类型设定，如区内法人企业，设定为资本的 2 倍；建立 FT 账户分账核算单元的区内新设法人银行机构，设定为其一级资本的 5 倍；银行上海市级自由贸易账户分账核算单元，设定为其境内法人机构一级资本的 5%。

账户、境内区外非居民机构账户、其他自由贸易账户之间采取划转宏观审慎原则实施管理；可以有限渗透与境内非 FT 账户（含同名账户）之间的划转；6 月 27 日，小额外币存款利率上限放开的政策试点范围进一步扩大，由自贸区扩大到上海市，成为了第一项实现复制、推广的经验。有分析人士指出，此项政策是短期对分流外出累积压力有利，长期将铺路于未来人民币存款利率市场化，是人民币存款利率市场化的一次预演。在利好政策下，自贸区吸引了大批境内外企业和金融机构的入驻。官方数据显示，从 2013 年 9 月挂牌至 2014 年 9 月底，整一年的时间内，上海自贸区累计新设企业 11516 家，其中新设外资企业 6423 家，较挂牌前一年增加 7.2 倍。到 2014 年 5 月末，落户自贸区的金融机构累计达 2977 家，约占新设企业总数的 1/4。其中，有 11 家中资银行和 20 家外资银行在区内设置或升级了分支机构。在上海自贸区管委会的上半年运行通报会上，管委会新闻发言人朱民表示，截至 2014 年 5 月底，自贸区跨境人民币境外借款已发生 45 笔，共 101 亿元；参与跨境双向人民币资金池试点企业 17 家，资金池收支额 78 亿元；区内经常项下结算 546.84 亿元，直接投资项下结算 206.53 亿元；区内跨境人民币结算总额达到 800 亿元（周宏达，2014）。

四　上海自贸区金融改革实施效果及发展动向

中国上海自贸区运行已有一年半的时间，金融创新取得了实质性进展。上海自贸区取得了至关重要的阶段性成果，尤其是推动的四大制度创新：已经建立了投资管理制度，是以负面清单为核心的；平稳运行贸易监管制度，是以贸易便利化为重点的；基本确立金融创新制度，是以资本项目可兑换和金融服务业开放为方向的；基本形成事中事后监管制度，是以政府职能转变为导向的。

从 2014 年以来，上海自贸区的建立对于中外资投资企业的吸引力日益高涨，自贸区对贸易监管制度的创新逐步深化，带给了中外投资企业实实在在的贸易便利，政策上的放宽对于企业有着极大的吸引力，因此对于进出口贸易拥有更有力的推动作用。负面清单模式是上海自贸区建设中具有突破性的工作之一，修订后的 2014 版负面清单从多个方面进行了“瘦身”，使得外商投资领域得到不断扩展。而未来负面清单还将得到进一步的压缩，给市场让出更大空间，外商投资的开放度将得到更大提高。

自贸区成立一年半以来，金融改革主要在三个方面形成突破：一是面向国际的金融交易市场的建成；二是推进人民币跨境使用，促使上海成为人民币产品定价和清算中心；三是建设自由贸易账户体系。相对于区内其他开放措施的快速推进，自贸区金融改革的步伐稳健，金融改革落地的进程显得更为谨慎，这与金融体系改革本身可能蕴涵的较高风险有一定关系，同时也决定了自贸区在深化金融改革方面仍有很大的空间。一年半的自贸区发展，已经有涉及多方面的多项改革政策和经验向全国推广，并取得了良好的效果。自贸区内政策能够推广至全国借鉴和学习是上海自贸区改革试点的最终目的之一，区内所有的改革措施和政策，最终都要通过全国实验，才能检验出复制和推广自贸区政策的可能性。这些方面仍将是自贸区未来发展中需要重点考虑的问题。金融改革在自贸区中将会深化下去，政策仍然会有序可控地推进人民币汇率市场化、利率市场化、资本项目开放等，人民币国际化的进程将会更进一步。

在这短短的一年半时间里，自贸区已经向全国推广了多方面的多项改革政策和经验，且都在稳定的运行中。2014 年 3 月，自贸区内的企业注册资本实缴改认缴制度推广到了全国范围，成为首批向全国推广的经验；2014 年 5 月，发改委发布 9 号文，目的将自贸区内的外商投资备案制、投资限额核准制等扩张至全国，并简化了外商投资的程序，紧随其后商务部在 2014 年 9 月发布的新版《境外投资管理办法》为该项政策进行了补充；2014 年 7 月，自贸区内实施的海关监管创新制度中，有 14 项也在重庆、天津和西安三个海关领先试行，并开始向全国海关特殊监管区域复制推广，进度不容小觑。迄今为止，已经有包括投资、贸易和金融三个领域的多项改革措施在全国借鉴推行，包括注册资本认缴制度、境外投资项目备案制度。2015 年 4 月，国务院批准《中国（广东）自由贸易试验区总体方案》、《中国（天津）自由贸易试验区总体方案》、《中国（福建）自由贸易试验区总体方案》。下面简单总结一下其他自贸区的发展动向。

广东自贸区与香港离岸市场联系最为紧密，已经有 6500 家企业入驻自贸试验区，2014 年 4 月 23 日，有一批珠澳合作项目在广东自贸区宣布成立的当天就落户该区，在全国资本项目仍处于管制的现状下，广东自贸区有利于境内外资金的有效利用，该自贸区首要工作是创新人民币跨境业务，实施“3 +1 模式”（即包括广州南沙新区、深圳前海深港现代服务业合作区、珠海横琴新区以及白云机场综合保税区），其中，金融创新主要包括：一是允许符合条件的广东省内企业在香港金融市场上发行人民币债券；二是允许自贸区居民办理个人经常项下跨境人民币汇款业务；三是支持自贸区内银行等金融机构对区内企业境外项目人民币贷款业务的拓展。以此来有效对接国家“一带一路”战略，逐步推进粤港澳的深度合作，广东自贸区的前海贷款期限与利率可以由借贷双方自主确定，这是与上海自贸区在跨境人民币业务中最大的不同。

天津自贸区定位于离岸金融和融资租赁，四大自贸区中唯有该区域地处北方，承接京津冀地区，与韩国自贸协定对接，是北方港口的枢纽。天津自贸区主要在两个方面进行金融创新：一是人民币跨境使用，在该自贸区内，第三方支付机构不需要提前审批，只需在事后一段时间内备案就能开展跨境支付业务。全国只要有互联网支付牌照的支付企业都可以在天津自贸区设立分公司，就可以参与跨境人民币支付试点业务，而对于这些企业，银行只要核查企业提交的贸易凭证，确保其贸易背景真实即可。在跨境人民币结算方面，天津自贸区内银行等金融机构可以凭借区内机构和个人申请的收付款指令，对经常项下、直接投资等跨境人民币结算业务直接办理，且跨境人民币使用范围也扩大至在区内就业或执业的个人都可，自贸区内的企业可以按天津政策的相关规定与前置核准脱节，直接在银行办理跨境首付、兑换业务等直接投资项目，十分便捷；二是人民资本项目可兑换，天津自贸区支持适合开展跨境人民币资产池业务的企业在区内设立子公司，且在市内的银行开设人民币专用账户，这样就可以直接使用人民币跨境结算，将境外资金调转至境内使用，形成人民币离岸市场。

福建自贸区中“台海融合”成为福建金融开放的最引人关注的地方，政策希望能够打造出一个两岸资本融合的平台。台湾目前对人民币国际化的关注度很高，人民币已成为除台币外在台湾地区流通最广的货币。福建力图推进两岸合作机制更进一步发展，推动货物、服务、人员、资金等要素在两岸的自由流动，促进两省的经济粘合度，将自贸区打造成一个更加开放的平台，扩展与海上丝绸之路相关的国家之间的交流与合作，将“一带一路”方针贯彻到底。

由此我们可以得出，从上海自贸区建立一年半以来，多个地区已开始进行政策的复制与推广，而且部分政策在全国已经得到了较好的推广和创新。上海自贸区改革试点所尝试的政策最终目的是在全国范围内实践和执行，区内所有的改革措施和政策，最终都要落实至在全国复制和推广的可能性，未来这一方面仍将是自贸区发展过程中将重点考虑的问题。上海自贸区的下一个目标是进一步完善金融宏观审慎调控机制，以此来预防金融市场开放时所面对的外部风险，对资本项目可兑换进行探索与实践，为接下来的其他区域乃至全国性金融改革做好先行先试的模范作用，为其提供宝贵的途径和经验，使得人民币国际化推进得更加稳定、更加长远。

第三节　中国（上海）自由贸易试验区企业对金融改革的反馈

为了解上海自贸区金融改革创新成效，特别是企业投融资便利化的政策效果，进一步明确今后金融改革方向和步骤，笔者带领部分学生组成中国青年政治学院上海自贸区调研组，于 2014 年 9—11 月对上海自贸区管委会及区内部分企业进行了走访和问卷调查。总体来看，各方均肯定金融改革创新效果，同时也指出政策执行中的若干问题，并对今后金融改革方向和途径提出了意见。由于时间、人力和物力有限，只走访了部分企业，获得了 41 份问卷，① 在本节，将这次小小尝试的调查结果整理如下：

1. 企业管理者年龄：

30 岁以下	1 人
30—40 岁	2 人
40—50 岁	38 人

① 问卷具体内容详见附录 5。

2. 贵企业管理者的性别：

男	41 人
女	0 人

3. 贵企业管理者教育背景：

大学本科	34 人
硕士	7 人

4. 贵企业的组织形式：

国有企业	1
集体企业	0
私营企业	1
股份制企业	1
外商及港澳台商投资企业	37
其他	1

5. 贵企业的规模：

大型	7
中型	17
小型	16
微型	1

6. 贵企业所属行业：

制造业	39
交通运输、仓储业和邮政业	0
IT 行业	1
住宿、餐饮业	0
卫生、社会保障和社会服务业	0
金融、保险业	0
房地产业	0
教育	0
文化、体育、服务业	0
其他	1

7. 贵企业属于：

在自贸区注册的新企业	2
以前在其他地方已经开办现在转移到自贸区或开设分部	39

8. 贵企业自设立以来企业规模为：

50 人以下	25
50—100 人	12
100—200 人	1
200 人以上	1

9. 贵企业自设立以来营业收入为：

20 万以下	4
20—100 万	5
100—500 万	10
500—1000 万	18
1000 万以上	2

10. 贵企业原来的企业规模：

50 人以下	4
50—100 人	1
100—200 人	4
200 人以上	30

11. 贵企业原来的营业收入：

20 万以下	0
20—100 万	2
100—500 万	0
500—1000 万	1
1000 万以上	36

12. 贵企业在自贸区设立后的营业收入：

20万以下	0
20—100万	0
100—500万	0
500—1000万	1
1000万以上	38

13. 贵企业在自贸区注册企业是出于以下哪些方面的考虑（多选）：

注册企业时不需要验资	税收优惠	货币流通自由	营业自由	政策宽松	融资容易	其他因素
0	23	28	24	36	0	0

14. 贵企业对“在自贸区内人民币使用政策”的了解程度为：

不了解	不太了解	比较了解	了解	非常了解
0	0	4	36	1

15. 贵企业对“在自贸区内设立外资银行和中外合资银行政策”的了解程度为：

完全不了解	了解一点	比较了解	了解	非常了解
0	1	4	36	0

16. 贵企业对“在自贸区内利率市场化政策”的了解程度为：

完全不了解	了解一点	比较了解	了解	非常了解
0	0	4	37	0

17. 贵企业对“在自贸区内外汇管理政策”的了解程度为：

完全不了解	了解一点	比较了解	了解	非常了解
0	0	4	37	0

18. 目前贵企业在金融上面临的问题（多选）:

向银行贷款困难	融资渠道单一和狭窄	企业的高负债率	融资政策和环境不健全	其他因素
0	1	0	0	40

19. 贵企业目前在金融服务方面有哪些需求（多选）:

信用贷款	抵押贷款	票据融资	股票市场融资	债券市场融资	民间借贷	外商及港澳台商投资	私人资本投入	企业之间融资	其他服务
0	0	0	0	0	4	19	0	0	16

20. 自贸区哪些金融服务对贵企业有帮助（多选）:

跨境结算服务	跨境投融资服务	跨境的贸易链金融服务	跨境的资产管理	跨境现金管理服务	跨境期货服务	其他因素
34	5	14	7	34	0	7

21. 与其他地方相比，贵企业认为自贸区提供的金融服务的质量如何:

非常差	比较差	一般	比较好	非常好
0	0	1	40	0

22. 贵企业觉得自贸区的金融政策对企业经营起到的促进作用如何:

完全没有促进作用	几乎没有促进作用	有一定的促进作用	有较强的促进作用	有十分强的促进作用
0	0	41	0	0

23. 贵企业做贸易结算时的币种选择

人民币	美元	其他货币
3	38	0

24. 贵企业用人民币结算，主要考虑的因素（多选）：

交易成本	汇率风险	手续简化程度	货币被接受程度	国家相关政策	其他因素
10	13	26	33	24	7

25. 贵企业用美元结算，主要考虑的因素（多选）：

交易成本	汇率风险	手续简化程度	货币被接受程度	国家相关政策	其他因素
13	9	18	39	22	3

从调查情况看，很多企业都是受上海自贸区的政策鼓舞，对未来非常看好，对自贸区的改革制度了解程度很高，而且企业的管理人员学历层次很高，企业规模比较大，以制造业居多。长三角本来就有竞争力强劲的制造业和庞大的贸易群体，还有中国相对最成熟的外资企业，目前各界都已达成共识，制造业应该是上海自贸区未来发展重点，自贸区要尤其注重发展转型的路径，一是制造业的服务化，即制造业要有中国创新，要往高端价值链发展；二是发展战略性新兴产业。目前上海已是全球吞吐量最大的港口，如果能很好利用吞吐量最大的优势，以及未来在自贸区内建设亚太分拨中心，成为全球最大规模的原料加工、生产成本、半成品中间转移通道，进而形成一条国际生产流水线，从涵盖整个亚太至整个世界，那么中国将有机会占领在国际化的制造产业链高端，就能牢牢抓住全球原材料价格的定价权。在自贸区注册的企业主要是出于税收优惠、货币流通自由、营业自由和政策宽松等四方面考虑。

企业对金融政策很关心，但有相当比例企业反映对如何具体实施不是非常了解，仅仅是初步了解了自贸区内人民币使用政策、在自贸区内设立外资银行和中外合资银行政策、在自贸区内利率市场化政策、在自贸区内外汇管理政策。综合分析下来跨境人民币政策普惠企业面是最广的。笔者还咨询了几家企业，这些企业都反映对自贸区金融改革受益匪浅。其中，某家贸易公司反映，公司业务通常以离岸贸易为基础，参加外汇局所开设的“国际贸易外汇结算中心”等便捷服务后，企业日常经营能力大大提升，资金流动加速，该家公司的上海分公司在亚太区总部地位大幅度提高。

大部分的企业对自贸区金融改革创新效果评价积极，但需要进一步改进。就我们关心的是否会选择人民币结算的问题看，愿意选择人民币结算的企业很少，问其原因，受访者表示主要是使用美元在自贸区内可以享受国际贸易上的优惠政策，而使用人民币有限制，需要企业有使用人民币的资质，因此我们可以看出负面清单的很多内容只是将原来为国家政策限制某些资本进入的行业照搬到了负面清单中，拓宽的空间比较有限。从选择不同货币结算所考虑的因素看，货币被接受程度和国家相关政策是受访企业主要考虑的两大因素。某些企业对于跨境人民币业务产生了困惑。对此，笔者也进行深入探讨，发现跨境人民币业务实际操作与税务政策衔接不畅问题很严重。如在轧差净额结算业务遇到了税务问题：境内成员企业的收款不是从境外收入得来，而是来自国内外汇资金主账户。如果境内成员企业想要享受优惠税率或退税政策，银行账单和入账税单不能作为税务局所要求的文件来申请优惠政策，并且此事协调非常复杂困难。进一步放宽结售汇管理制度，外币资本金意愿结汇政策的确可以给予外商投资企业更多的自由来管理外汇风险。但是，由于目前人民币对美元是双向波动，而不是单向升值，故选择提前结汇的企业越来越少。同时，由于上海外汇局规定自贸区企业都必须建立人民币待支付账户，无论是否要提前作资本金结汇，所有结汇都要由待支付账户通过支付。由此给很大一部分没有提前结汇意愿的企业造成了多余的账户维护成本和相对复杂的资本金使用流程。因此，提出的新的政策建议一是当区内外商投资企业不需要提前结汇时，同意他们按照区外外币资本金操作流程，从外币资本金账户直接结汇支付第三方。二是对资本金账户的使用作进一步的简化，允许银行依据“资金已验资、实用实结、不允许提前结汇”的原则进行结汇和付款。

总体来说，调研反馈表明改革政策贴近企业实际，企业直接收益较多的金融改革最受欢迎，普遍反映希望将外币纳入自由贸易账户、探索投融资便利化能有所突破。随着金融不断创新，未来金融风险表现在跨境、跨业、跨市场风险上，特别是主要满足套利需求的金融创新，影子银行也会对监管带来挑战。推进利率市场化建设，可简化存款期限档次，配套推出存款保险制度，现行发行大额可转让存单时机已经成熟。应进一步优化结售汇制度，明确规范外债统计口径，进一步开放自由贸易账户，建议金融管理部门加强沟通协作。企业对自贸区金融改革持欢迎和肯定态度，金融改革给企业带来新机遇和新空间。企业面临的问题主要包括跨境人民币业务与税务政策衔接、增强外汇管理灵活性，改进外债管理，人民币双向资金池、外汇国际国内两个主账户与 FT 账户三个文件衔接、非贸付汇问题等（人民银行党校 27 班上海调研组，2015）。上海应统筹试验区与上海国际金融中心建设两项国家战略的机遇，协同推进、有机联动，为我国全面深化金融业改革开放探索新途径、积累新经验。加强在防范化解风险、宏观审慎管理，各项政策配套衔接方面的立法，赋予自贸区一定立法权。通过制度创新，进一步在自贸区推进金融改革开放，实现创新驱动、转型发展，培育我国面向全球的竞争新优势，拓展经济增长的新空间，打造中国经济“升级版”。

第四节　加强人民币在岸市场与离岸市场的协同发展的建议

从本质上讲，一国货币的国际化是该国总体经济实力强大而在货币形态上的反映。理论和实证研究都表明，一个国家的经济规模越大，综合竞争能力越强，其货币越容易实现国际化。尽管英镑、美元和欧元的国际化道路各不相同，但支撑它们国际化进程的基础是一样的，那就是英国、美国和法德为代表的国家在国际贸易和国际金融领域强大的比较优势，而日元国际化的失败，与日本经济在 20 世纪 90 年代“泡沫经济”破灭后进入长达十年的经济萧条密不可分。同样的，继续保持中国经济的平稳较快发展，进一步提高综合国力，既是实现人民币国际化的重要条件，也是促进人民币离岸市场发展、有效应对各类金融风险的坚强后盾。

当前，中国经济要想要持续稳健的发展，只有加快经济发展方式转变和产业结构调整升级，要遵循党的十八届三中全会作出的全面深化改革开放的战略方针，切实把经济发展的驱动力从简单地增加要素投入转变到更多依靠科技和效率提高上来，当前是最关键的阶段。

相较于作为人民币离岸市场的香港，之所以选择上海自贸区作为金融改革的试点，原因之一就是上海自贸区在资本项目的开放以及人民币利率市场化等方面取得的成果，因其区位优势，可以方便将经验复制推广至全国。自贸区的设立以及各项措施的出台，为人民币对外流通开辟了一条通道，进一步推动人民币国际化。上海自贸区放宽了外汇体制管理，既有利于人民币资本项目开放，同时一旦自贸区建成人民币离岸市场，其配套的人民币债券市场以及其他衍生品市场也将得到全面的发展，对逐步放宽国内金融市场产生积极的影响。在自贸区的实践过程有正面的溢出效应，同时也会存在各种问题，但其比较优势是，由于区内风险可控，影响范围不太，故只要不断总结推进人民币国际化方面的经验教训，就可将在全国复制、推广的金融管理模式愈加完善，推进人民币国际化进程的步伐将会更加稳健。

中国上海自贸区的金融制度创新是一块非常有价值的“试验田”，势必会为中国资本账户进一步开放以及利率、汇率的市场化改革提供最有用的借鉴作用，人民币在境外的流通、循环和回流是需要自贸区内的金融市场能够与国际金融市场高度连通，且能够逐步实现一体化的，这样将会有更多、更有质量的以人民币标价的金融产品开发出来，这会促使人民币国际化往更高的层次、更长远的平台发展（焦武，2013）。

目前，CNY 和 CNH 都承担着人民币汇率的定价职能。CNY 是指国内银行间有管理的浮动利率，也就是境内即期汇价。而 CNH 是指人民币在香港等境外市场对主要货币的汇率，其汇价主要由离岸市场的供需双方决定。在通常情况下，认为 CNH 是更加能够反映人民币国际市场的真实情况。香港作为人民币离岸市场，故人民币交易需求不仅是香港居民的需求，更大的一部分是在没有交易管制的情况下满足海外的需求。因此，导致不同投资人存在于 CNY 和 CNH 市场上，而这两个市场是有着不同的汇率，因此套利者就能够利用汇率差进行套利，与此同时，金融机构所要面对的不确定的汇率风险也会增加，自贸区的设立对人民币在岸市场和离岸市场之间就起到了缓冲作用，因为在自贸区的政策中是支持境内外的金融机构在区内执行人民币项下的外汇交易的，亦即将境内区外的外汇交易市场通道打通，在减少不确定风险的同时也消除了套利的情况。如果依照此情况继续下去，就相当于建立一个基于上海自贸区的离岸人民币汇率市场，类似 CNH，进一步使得在岸人民币与离岸人民币汇价保持一致，进一步推动人民币的国际化。

但金融改革的复制推广和贸易投资领域情况是完全不同的，金改涉及面比较宽，对风险管理能力的要求比较高。在逐步建立了金融管理中的简政放权、风险管理、诚实守信等一些规矩后，下一步就是慢慢将与实体经济发展联系紧密的一系列金融改革措施进行推进，最后资本账户和汇率、利率市场化逐渐放开。

依照国际货币基金组织2011年《汇兑安排与汇兑限制年报》，2013年我国仅有三个项目是涉及资本行为主体管制的，① 中国资本市场是封闭式的，几乎没有对外资开放的项目，仅仅有一些特殊的管道（如QFII）帮助外资进入中国资本市场。从上海自贸区公布的金融业负面清单来看，在自贸区，不可兑换的三项投资依然禁止，可能对更多可兑换领域进行放松管制，使某些部分可兑换的项目升级成基本可兑换项目，如自贸区可能对个人投资的限制开始解禁。而在此之前，个人投资的渠道都是只能通过受限制的QFII和QDII；甚至在自贸区会出现基本可兑换直接升级为完全可兑换项目，比如彻底对直接投资和直接投资清盘放开限制（焦武，2013）。

事实上，目前上海很难像香港那样实现人民币在资本项目上的环流，这是因为在自贸区外的人民币的使用情况是不可以在资本项目上兑换的，仅仅能在经常项目上可兑换，这也同样使得人民币在经常项目中的使用范围受到了一定的影响。我们可以看出上海的金融市场基础设施还并不完善，需要进一步的提高，对上海自贸区金融的发展策略提出以下几点建议：

对金融机构而言，需要加快开放服务贸易，实现与国际相平衡的外资金融机构多元化，尤其加快发展我国相对薄弱的金融性租赁行业。上海其实是我国金融市场开放度最高的城市，几乎包含了所有的交易所，但现有的各类交易所需要真正发挥其作用，特别是商品交易作用，以此提升大宗商品以人民币定价的权利，以及金融资产的国际接受度。为了逐步延伸放宽境内投资者对境外投资的渠道，需要加速放松境内集团在境外市场发行证券市场工具的限制；与之对应，境外投资者买卖境内证券市场工具也要逐步引进，且逐步放松管制（焦武，2013）。

对金融产品而言，要加强自贸区作为离岸人民币债券市场的建设。目前，我国的离岸人民币债券市场依然存在一定的缺陷，如规模相对较小，回报率相对较低，受政府政策影响较大，不能真实反映市场真正的情况。自贸区的设立可以为离岸人民币债券市场的发展提供新的力量，

① 需要审批外商直接投资；对境内对外投资有一定的限制；要制定相关的外债规模管理来限制对外负债，且中国居民无权对外负债。

其允许自贸区外和境外的企业通过区内的银行及其他金融机构发行以人民币计价的债券，形成自贸区人民币债券市场。金融市场需加快对外开放，推动上海形成境内外投资者共同参与的、功能完善的多层次金融市场体系。要形成人民币境内外循环，促进债券发行市场双向开放及发展，鼓励更多符合条件的国际集团总部在自贸区内发行境内人民币债券，国际开发机构人民币债券的发行规模将在银行间债券市场上扩大（周小川，2013）；

对于金融环境而言，要改进和优化使其与自由贸易试验区发展相适应。要鼓励满足条件且信用等级较高的境外商业性机构在自贸区发行人民币债券。要继续鼓励在自贸区的银行间同业拆借市场和银行间外汇市场内进入大量外资商业银行及其分行、外资非银行金融机构，以此来扩大货币市场交易规模及参与范围。在可以控制的风险情况下，鼓励境外人民币直接通过自贸区的银行参与银行间同业拆借市场和银行间外汇市场交易，促使人民币境内外循环更加畅通。要适时推进其他人民币清算行、参与行等境外机构进入银行间外汇市场，来拓展外汇市场的深层次的发展。在港澳人民币清算行等进入自贸区的前提上，境内人民币汇率对境外的引导作用要逐步加强。人民币不仅要与美元、日元、澳大利亚元是直接交易的，还要形成人民币与更多货币的双边直接汇率机制，促使人民币对新兴市场经济体和周边国家货币汇率在银行间外汇市场开始交易、流通。帮助完善中国现代化支付系统（CNAPS 系统），加快形成全球人民币清算系统，支持金融机构完善并使用 SHIBOR 定价机制以巩固其在利率市场化中定价基准地位。

支持跨境人民币投融资业务的双向开放，积极研究准备合格境内个人投资者境外投资的试点，和合格私募人民币基金境外证券投资的业务。支持人民币跨境使用的基础设施的建设，当前正在上海建设的人民币跨境支付系统，对支持人民币跨境使用、完善人民币支付清算体系、防范和化解人民币跨境支付的风险，以及营造公平竞争的市场环境具有重要的意义，同时也有助于上海国际金融中心的建设（周小川，2013）。

扩大人民币跨境使用，推动上海成为全球人民币产品创新、交易、定价、结算中心，具体举措包括将人民币推进跨国企业的资产组合、跨境人民币贸易再融资市场的启动、开展对境内个人投资者境外投资的试点（QDII2）积极研究和合格私募人民币基金境外证券投资业务（RQDLP）等。

加强国际金融交流与合作，深化沪港、沪台金融合作，扩大上海金融中心国际作用。进一步发展沪港金融的互补、互助、互动关系，完善沪港金融合作机制，加强沪港在金融市场、机构、产品、业务、人才等方面的交流合作，支持沪港金融市场产品和金融基础设施互联。积极推动沪台金融交流合作，研究建立合作机制，拓展合作空间和领域（周小川，2013）。

在经济发展的同时，对自贸区的监管也要落实到位，因此境内、境外监管当局也加强了对自贸区的金融协调监管。迄今为止，在上海自贸区内金融业越来越有混业经营、跨境经营的趋势，货币市场、外汇市场、证券市场联系非常紧密，而在我国一直实施的是“分业经营、分业监管”的体制，这就造成了时常发生金融监管不足和重复的现象。故我们在在岸市场监管上，对“一行三会”的监管协调有必要进行加强，对本外币要实现一体化监管协调，金融监管部协调会议机制的效用必须要充分发挥。实现本外币一体化监管，建立涵盖跨境外汇与人民币贷款、直接投资、贸易融资、离岸账户管理的监测平台，实现全流程统计监测，防范异常资金通过人民币渠道流入流出。同时，银行、企业、投资人的合法利益要受到保障，其底线就是不发生系统性的金融风险；在岸与离岸市场协调监管必须要加强，内地金融监管当局与海外金融监管当局的合作一定要落实到位。

具体措施包括：首先，信息互通和政策协商机制在香港金融监管局等境外监管当局和内地金融监管当局之间一定要健全完善，要充分地进行香港人民币离岸业务的重大政策和事项有效的沟通与合作，为了让内地监管当局及时获得离岸人民币业务运行情况的信息，能够及时预防风险，找出相应对策，参与人民币离岸业务的企业、机构必须定期向中国人民银行和银监会报送业务报告；其次，境外监管当局和中国人民银行要协同合作，共同制定人民币离岸业务危机预案。如果香港离岸市场上出现大量人民币堆积并且有恶意压制人民币的行为，中国人民银行可以通过香港金融管理局直接进行干预；最后，重大事项报告制度的建立，这要求参与离岸人民币业务的金融企业在发生重大事项的时候，必须积极主动向中国人民银行、银监会等报告，这样才有相应的对策来化解风险。

第五节　总结

一　研究的主要发现

笔者首先详细梳理了人民币国际化的进程和香港人民币离岸市场的制度安排。可以看到随着离岸市场的发展，我国实际上资本项目已经有一定程度的开放，这表明中国金融市场与世界金融市场已经开始出现融合。在离岸市场发育过程中有几个特点值得一提：第一是跨境贸易人民币结算规模急速扩大与贸易结算进口结算比重偏高的“跛足”现象并存。第二是在岸与离岸市场之间的套利、套汇空间持续存在，套利和套汇活动一直存在。第三是随着人民币升值的预期发生反转，市场出现反向套利和热钱流出的现象，香港人民币存款下降且人民币出现罕见的贬值，人民币国际化受到阻滞。

其次，笔者进一步检验了人民币在岸市场与香港人民币离岸市场以及人民币无本金交割远期外汇市场之间汇率波动性的动态相关关系。根据人民币离岸市场发展的标志性事件将样本期间分为四段，利用 DCC-MGARCH 模型研究三个市场日汇率数据之间的动态相关关系，研究结果发现三个市场相关程度不断增强，信息传递较快；2009 年 7 月 1 日前人民币在岸市场与离岸市场汇率波动率的相关系数较低且规律性不强；2009 年 7 月 2 日—2010 年 7 月 19 日，受国际金融危机的影响，人民币汇率稳定不再升值，相关系数接近于 0；2010 年 7 月 20 日—2011 年 6 月 27 日汇率波动性的相关性逐渐增强，表明人民币国际化的影响逐渐增强。2011 年 6 月 28 日—2012 年 12 月 24 日间波动性显著增强，相关系数均值超过 0.4，这说明人民币不同市场之间的信息溢出程度加强，境内外市场融合程度不断提高。

再次，根据抛补利率平价，在资本流动充分的情况下，不同市场相似金融资产的回报应该相等。那么用实际经济数据计算的抛补利率平价的偏离便成为反映金融市场融合的指标。笔者分别检验了在岸市场人民币对美元的即期汇率与可交割远期汇率（Deliverable Forward，DF）的升贴水率变动与利率差变动之间的动态相关关系、离岸市场人民币对美元的即期汇率定盘价与无本金交割远期汇率的升贴水率变动与利率差变动之间的动态相关关系。通过格兰杰因果检验，发现在岸市场的汇率升贴水率与利率差之间存在着格兰杰原因，进而建立 VAR 模型，分离出标准化残差，进一步通过 DCC-MGARCH 模型捕捉汇率升贴水率变动与利率差变动之间的动态相关系数，可以看到离岸市场与在岸市场的汇率升贴水率变动与利率差变动之间存在一定程度的相关性，并且离岸市场的动态相关系数比在岸市场要大，也印证了离岸市场的管制相对较少。进一步，笔者构造抛补利率平价的偏离指标，然后分别用不同市场的利率差和远期汇率升贴水率计算各个市场的偏离程度，进一步运用 DCC-MGARCH 模型捕捉三种偏离之间的动态相关性，从最后的实证结果可以看出，中国的金融市场与世界金融市场已经存在显著的融合趋势。

通过上述实证研究，笔者发现虽然目前在岸市场还存在着资本管制，但由于人民币国际化进程和一系列制度安排，在岸市场即期汇率对离岸市场即期汇率和远期汇率已经都产生影响，这可能是由于在岸市场的政策信号和相对较大的市场规模足以驱动离岸市场的价格运动，而离岸市场价格更能反映国际金融市场的资金供求关系，三个市场汇率波动率的动态相关关系明显，并且具有较强的集聚效应。此外，我们还发现虽然存在抛补利率平价的偏离，但是离岸市场的发育能够通过波动率影响在岸市场，离岸市场、在岸市场与世界金融市场存在一定的融合趋势。这些发现意味着离岸市场的发展应该受到仔细的监控，因为它能够影响在岸市场的汇率稳定。

最后，上海自贸区的金融改革对于人民币国际化起到很强的助推力，企业对于自贸区的金融改革持欢迎和期待的态度。我们要加强建立上海自贸区的金融环境建设，实现离岸市场与在岸市场良性互动。

二 政策建议

历史经验表明，货币的国际地位与货币发行国的经济实力、金融市场深度和开放度、货币可自由兑换、货币的购买力等因素息息相关。由于中国在全球具有广阔的贸易网络以及重要的经济地位，海外对以跨境贸易结算为背景的人民币需求已经很大。同样的，人民币要充当国际储备货币，还需要提高非居民对持有以人民币计价的金融资产的兴趣。

目前，人民币在贸易跨境结算和离岸市场的使用中处于大步慢跑的态势，通过进口结算，大量人民币流出；由于人民币计价负债的有限可获得性，离岸市场投资者对人民币有强劲的需求。与此同时，人民币升值预期限制了非居民借款人筹资的兴趣，而在岸市场有限的资金回流机制也限制了大陆居民试水香港离岸市场的广度和深度。当人民币升值预期缓和以及人民币接近均衡价值时，人民币计价的资产可获得性以及可用性将对维持投资者的兴趣以及支持人民币双向流动起着至关重要的作用。最终，离岸人民币资金池应该通过 FDI 和资产组合流动在离岸和在岸市场之间配置，中国政府应该逐步开放大陆在岸市场的人民币资产的可获得性，完善国内金融市场功能，这样人民币国际化将可以逐步推进。

虽然在渐进开放的过程中，中国金融市场仍然存在着市场分割，本书的实证检验结果还是找到了市场之间存在的动态相关性。这一结果意味着离岸市场与在岸市场之间存在着某种程度的反馈机制（feedback channels），特别是离岸市场虽然规模不大，但是离岸市场与在岸市场之间的波动溢出效应还比较强烈和持久。随着离岸市场的发展，这种反馈机制可能进一步增强。从这一角度来说，人民币国际化的进程和离岸人民币市场的成长应该伴随着在岸市场金融体系改革和金融深化，人民币国际化最终是靠市场力量，因此需要从以下三个大方面采取措施，以促进人民币国际化的有序进行：

第一，增加离岸市场的资产品种和规模。超越人民币升值预期这种维持人民币国际化动力的方法必须是扩大人民币计价资产的供给。尤其是在岸市场还存在某种程度的管制条件下，这种方法就更加必要。因为人民币会越来越趋近于均衡价值，市场对于汇率走势的预期也越发平衡，这时非本国居民将被鼓励到离岸人民币市场来筹集资金，这将改善市场参与者的结构，并改善债务发行人的质量进而降低信用风险。

第二，在岸市场金融深化和自由化程度需要加强。其他国际货币的经验，包括美元和日元的离岸市场，都表明离岸市场的发展并不是与在岸市场的发展相分离，欧洲美元市场发展的一个关键是美国政府从不限制美元的境内结算，境外机构可以自由调节长短期外汇头寸。因此，成功的货币国际化，需要在岸市场的金融深化与发展离岸市场同步进行。这可以减少国内金融体系脱媒的风险，将在岸市场金融风险降至最低，保持金融稳定，并且能够维持货币国际化的动力。

第三，树立对人民币币值稳定的信心，货币的价值最终来源于货币政策当局的公信力。事实上，正是对美元长期可信性的质疑才激起了各国将人民币作为国际货币的兴趣。因此，从长期看，人民币国际化的未来取决于我国货币政策当局是不是可以提升世界对人民币价值的信心，在这一方面，我们有很长的路要走。

第四，上海自贸区的一系列制度安排，有力地促进了人民币国际化。当然，自贸区的制度建设存在改进的地方，笔者认为应该巩固改革成果，进一步释放改革红利，加强离岸市场与在岸市场的深度合作，为人民币走上国际舞台打下坚实的基础。

附录1 推动香港人民币离岸市场发展的重大事件

表1 推动香港人民币离岸市场发展的重大事件

时间	事件	作用和意义
2004年2月25日	香港银行开始试办包括存款、汇款、兑换及信用卡等个人人民币业务，并可以进行每人每天不超过2万元人民币的兑换	标志香港离岸人民币金融业务的正式启动
2005年	准许包括零售、餐饮及运输在内的七个行业开设人民币存款账户	
2006	准许香港居民开设人民币支票账户	
2007年6月	中国人民银行、国家发改委共同发布《境内金融机构赴香港特别行政区发行人民币债券管理试行办法》，香港推出人民币实时支付结算系统，国家开发银行发行香港首只人民币债券	内地金融机构在香港首次发行人民币债券，离岸人民币债券市场开始出现
2009年1月20日	中国人民银行与香港金管局签署货币互换协议，提供最高可达2000亿元人民币的流动性支持，有效期三年	对香港离岸人民币的供给有着重大意义
2009年4月8日	国务院决定开展跨境贸易人民币结算试点，境外地域范围暂定为港澳地区和东盟国家	正式确立人民币国际化战略
2009年9月	财政部首次在香港发行人民币国债	
2010年2月	香港金融管理局发出通知，简化跨境人民币结算的运行安排，放宽人民币多项业务限制	
2010年6月	6月19日，人民币汇改重启；6月22日，跨境贸易人民币结算试点范围扩至20个省市，并且不再限制境外地域	跨境贸易人民币结算加快香港人民币离岸市场的发展

续表

时间	事件	作用和意义
2010 年 7 月 19 日	7 月 19 日，中国人民银行与“中银香港”签署修订《香港银行人民币业务的清算协议》，与香港金管局签署《跨境贸易人民币结算补充合作备忘录》，并且不再限制香港的银行为金融机构开始人民币账户和提供的各类服务	扫除了香港人民币离岸市场发展的主要政策障碍
2010 年 8 月 16 日	中国人民银行发布《关于境外人民币清算行等三类机构运用人民币投资银行间债券市场试点有关事宜的通知》，向境外三类机构有限开放人民币债券市场	离岸人民币资金回流机制正式启动
2010 年 12 月 10 日	内地可使用人民币结算出口货物贸易企业的数量，由原来的 365 家大幅增至 67359 家	进一步扩展了香港的离岸人民币市场的参与者范围
2011 年 1 月 13 日	中国人民银行发布《境外直接投资人民币结算试点管理办法》，境内机构经审核后可以使用人民币资金进行境外直接投资，内地银行的香港分行或代理银行，可以从内地取得人民币资金，向进行投资的企业发放人民币贷款	境外直接投资人民币结算试点工作全面启动，推进香港人民币离岸市场的快速发展
2011 年 4 月 11 日	香港首单人民币 IPO 招股，汇贤房地产信托投资基金（REIT）单位售价 5.24—5.58 元人民币，募集 104.8 亿—111.6 亿元人民币	基本上完善了香港人民币离岸市场的产品体系
2011 年 8 月	拓展香港与内地人民币资金循环流通渠道，跨境人民币结算范围扩大到全国，支持香港使用人民币在境内直接投资，允许人民币境外合格投资者投资境内证券市场，起步金额为 200 亿元，允许境内企业在香港发行人民币债券，扩大境内机构在香港发行人民币债券规模	极大地支持香港发展成为离岸人民币中心
2014 年 11 月 12 日	香港金融管理局决定从 11 月 17 日起，取消人民币兑换上限	为沪港通铺路

资料来源：根据相关资料整理。

表 2　　　　　　**香港人民币离岸市场利率产品创新情况**

产品类别	创新产品名称	出现时间	创新机构
存款类	人民币存款证	2010 年 7 月	中信银行国际
	人民币结构性存款	2010 年 7 月 19 日	汇丰银行和渣打银行
债券类	离岸人民币企业债券	2010 年 6 月 27 日	合和公路基建
	合成型人民币债券	2010 年 12 月	瑞安房地产
	人民币离岸债券指数	2010 年 12 月 31 日	中银香港
	人民币 IPO	2011 年 4 月 11 日	汇贤房产信托
资金交易类	人民币外汇掉期交易	2010 年 7 月 20 日	中信银行国际和工银亚洲
	可交割人民币利率互换（IRS）	2010 年 10 月 22 日	汇丰银行和德意志银行
	可交割人民币利率互换期权	2010 年 11 月 12 日	汇丰控股和法国巴黎银行
	可交割人民币期权	2010 年 2 月初	汇丰控股
资产管理类	人民币公募基金	2010 年 8 月 11 日	海通资产管理（香港）
	人民币人寿保险	2010 年 7 月 20 日	汇丰、中银香港、中国人寿等

资料来源：根据相关资料整理。

表 3　　　　　　**香港 CNH 市场产品情况**

CNH 产品	市场发展情况
贸易融资及贷款	2010 年 2 月，香港银行获准可以开展贸易融资及贷款，渣打、汇丰、恒生相继宣布推出人民币贸易融资最优利率
外汇即期	于 2010 年 8 月开始交易，2011 年 6 月 27 日，香港推出美元兑人民币即期汇率定盘价
外汇远期	有无本金交割远期（NDF①）和 CNH 远期（DF）。NDF 已有多年活跃的历史，而 DF 大致与外汇即期同一时间开始交易。

① 2006 年 8 月，美国芝加哥商品交易所（CME）参照 NDF 模式首次以无本金交割的标准化合约推出人民币对美元、人民币对欧元以及人民币对日元三个品种的人民币期货和期权合约。在 CME 交易的期货期权属于美式期权，但市场活跃度和成交量上，CME 的场内交易远低于香港、新加坡等 NDF 场外市场。

续表

CNH 产品	市场发展情况
外汇期权	香港市场上有无本金交割期权和可交割的人民币期权。无本金交割期权已经交易多年，而可交割的人民币期权开始的时间较晚，可考证的最早交易是由汇丰银行在 2010 年 10 月进行的 1 个月澳元对人民币以及 1 年期美元对人民币的普通期权
结构性存款产品	2006 年渣打银行向企业客户推出人民币结构性存款产品。《清算协议》修订后，香港市场上结构性存款产品品种愈加丰富
存款证	2010 年 7 月，中信银行国际有限公司（简称“信银国际”）在香港发行了首宗离岸人民币存款证，总额为 5 亿元人民币。2010 年 9 月 1 日，国家开发银行在香港发行了 1 亿元人民币存款证，为内地银行首次在香港发行人民币存款证
股票（房地产投资信托基金）	2011 年 4 月 29 日，香港首只人民币极佳的房地产信托基金——汇贤产业信托在港交所挂牌交易，这是第一只人民币 IPO，对香港及人民币国际化都有重要意义，开创了离岸人民币计价股票这一新的资产类型

资料来源：转引自《人民币国际化报告 2012》，中国人民大学国际货币研究所。

附录2　四个子样本区间的检验过程及结果

子区间1（2006年8月23日—2009年7月1日）：

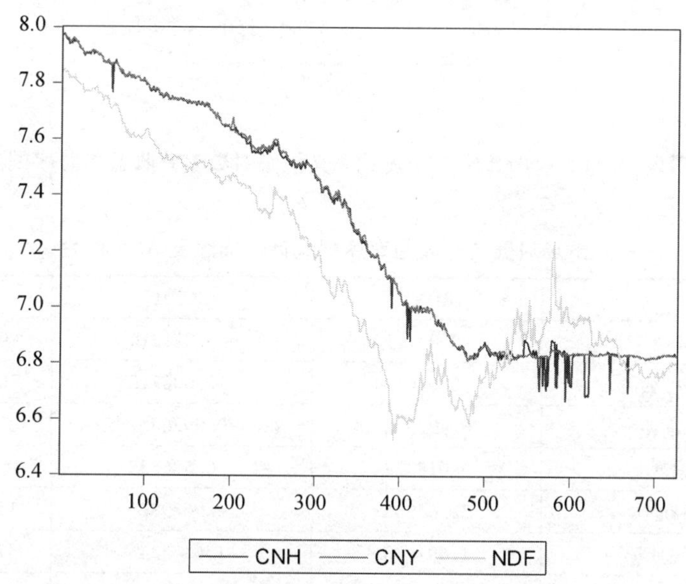

图1　CNY、CNH、NDF市场的名义汇率收盘价时序图

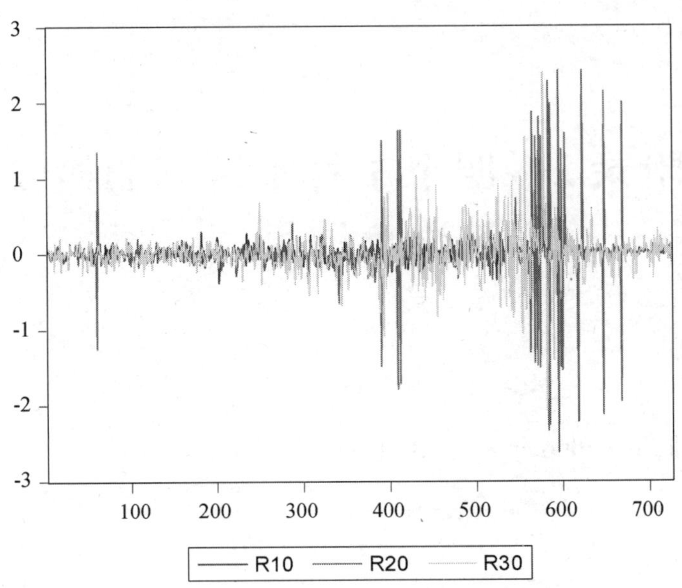

图2　CNY、CNH、NDF 市场的名义汇率对数差分收益率时序图

表1　　**三个市场对数差分收益率序列统计性描述及 ADF 检验**

	RCNY	RCNH	RNDF
均值	－0. 021214	－0. 021216	－0. 019765
中位数	－0. 016104	－0. 008715	－0. 014785
标准差	0. 402952	0. 092653	0. 290769
偏度	0. 018332	－0. 576332	0. 325258
峰度	22. 65905	4. 962982	15. 46661
JB 统计量	11691. 00	156. 7534	4714. 149
P 值	0. 000000	0. 000000	0. 000000
ADF－T 统计量	－26. 49871	－28. 76077	－25. 24914
P 值	0. 0000	0. 0000	0. 0000

表2　**基于1—7阶滞后阶数的格兰杰因果检验**

原假设	P值						
	滞后1阶	滞后2阶	滞后3阶	滞后4阶	滞后5阶	滞后6阶	滞后7阶
RCNY非RCNH格兰杰原因	0.0028	0.002	0.0003	0.0005	0.0005	0.0002	5.E-05
RCNH非RCNY格兰杰原因	0.0492	0.1308	0.2494	0.3389	0.4587	0.5354	0.6289
RNDF非RCNH格兰杰原因	0.0001	6.E-05	0.0002	0.0003	0.0010	0.0002	4.E-05
RCNH非RNDF格兰杰原因	0.7089	0.6194	0.0418	0.0391	0.0180	0.0162	0.0277
RNDF非RCNY格兰杰原因	3.E-09	2.E-08	4.E-08	1.E-07	4.E-07	1.E-06	5.E-06
RCNY非RNDF格兰杰原因	0.9941	0.3173	0.0513	0.0538	0.0829	0.0295	0.0550

VAR方程：

$$\begin{pmatrix} r_{cny,t} \\ r_{cnh,t} \\ r_{ndf,t} \end{pmatrix} = \begin{pmatrix} -0.0000466 \\ -0.000106 \\ -0.000069 \end{pmatrix} + \begin{pmatrix} -0.039648 & 0.013331 & 0.069785 \\ 0.333473 & -0.454947 & 0.155708 \\ -0.005078 & 0.010159 & 0.061811 \end{pmatrix} \begin{pmatrix} r_{cny,t-1} \\ r_{cnh,t-1} \\ r_{ndf,t-1} \end{pmatrix} + \begin{pmatrix} \varepsilon_{cny,t} \\ \varepsilon_{cnh,t} \\ \varepsilon_{ndf,t} \end{pmatrix}$$

表3　**各残差序列基于GARCH族模拟的拟合结果**

	CNY	CNH	NDF
C	4.04E-06 (6.46E-06)	0.000872 (4.69E-05)	0.000434 (0.000120)
ARCH (1)	0.062913 (0.008735)	0.105497 (0.007763)	0.261669 (0.045672)
ARCH (2)			-0.189911 (0.044808)
GARCH (1)	0.939240 (0.006575)	0.901057 (0.003562)	0.922872 (0.011969)
极大似然值	0.006575	64.14965	111.9649

注：GARCH滞后阶数由SC最小准则确定，括号内为相应系数的标准差，表3计量软件为Eviews 6.0。

子区间 2（2009 年 7 月 2 日—2010 年 7 月 19 日）：

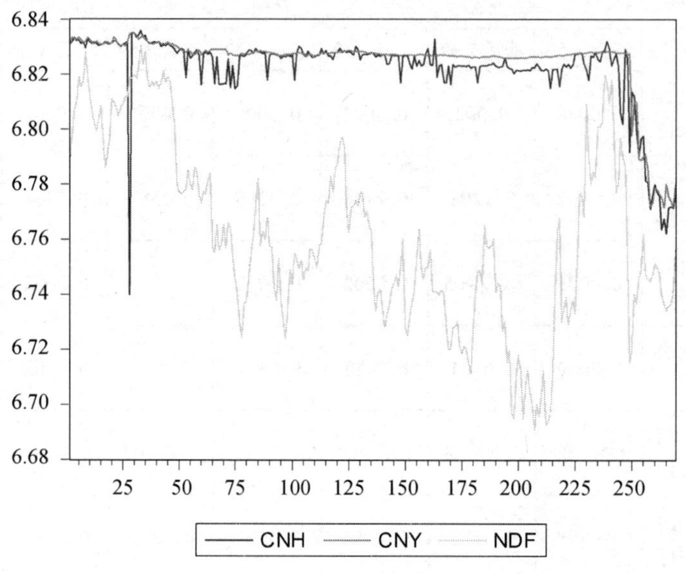

图 1　CNY、CNH、NDF 市场的名义汇率收盘价时序图

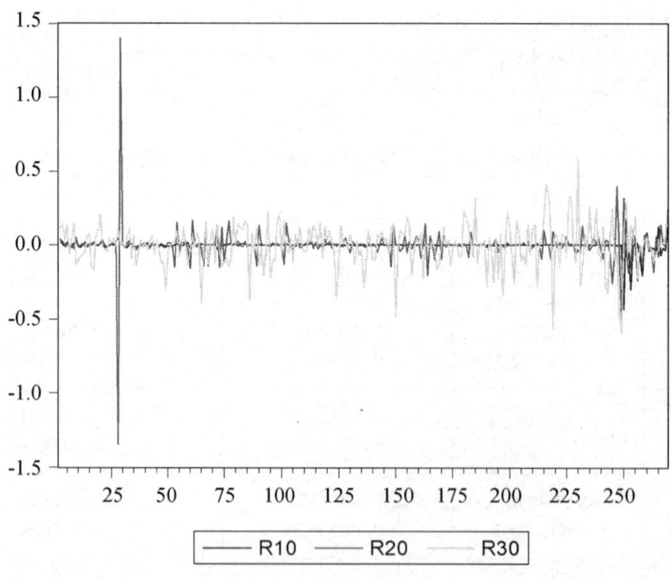

图 2　CNY、CNH、NDF 市场的名义汇率对数差分收益率时序图

表 1　　　　三个市场对数差分收益率序列统计性描述及 ADF 检验

	RCNY	RCNH	RNDF
均值	-0. 015139	-0. 014530	-0. 013201
中位数	-0. 007323	-0. 001465	-0. 007344
标准差	0. 312639	0. 086167	0. 236883
偏度	-0. 033438	-0. 454439	0. 128120
峰度	31. 21351	5. 680157	17. 57671
JB 统计量	53995. 76	543. 2955	14417. 71
P 值	0. 000000	0. 000000	0. 000000
ADF - T 统计量	-38. 12830	-41. 06677	-29. 88869
P 值	0. 0000	0. 0000	0. 0000

表 2　　　　基于 1—7 阶滞后阶数的格兰杰因果检验

原假设	P 值						
	滞后 1 阶	滞后 2 阶	滞后 3 阶	滞后 4 阶	滞后 5 阶	滞后 6 阶	滞后 7 阶
RCNY 非 RCNH 格兰杰原因	0. 6652	0. 9482	0. 0456	0. 0312	0. 0037	0. 0040	0. 0071
RCNH 非 RCNY 格兰杰原因	1. E - 13	8. E - 16	2. E - 15	4. E - 15	2. E - 14	5. E - 15	5. E - 15
RNDF 非 RCNH 格兰杰原因	0. 7198	0. . 3158	0. 0741	0. 0370	0. 0522	0. 0137	0. 0300
RCNH 非 RNDF 格兰杰原因	7. E - 24	2. E - 23	9. E - 23	3. E - 22	2. E - 21	9. E - 21	8. E - 20
RNDF 非 RCNY 格兰杰原因	7. E - 06	4. E - 09	7. E - 10	9. E - 10	4. E - 10	5. E - 12	1. E - 12
RCNY 非 RNDF 格兰杰原因	0. 0005	0. 0021	0. 0054	0. 0118	0. 0242	0. 0393	0. 0784

VAR 方程：

$$\begin{pmatrix} r_{cny,t} \\ r_{cnh,t} \\ r_{ndf,t} \end{pmatrix} = \begin{pmatrix} -0.000157 \\ -0.000237 \\ -0.000606 \end{pmatrix} + \begin{pmatrix} -0.182987 & 0.062832 & 0.060107 \\ -0.165406 & -0.458015 & 0.022253 \\ -0.409529 & -0.031410 & 0.044732 \end{pmatrix} \begin{pmatrix} r_{cny,t-1} \\ r_{cnh,t-1} \\ r_{ndf,t-1} \end{pmatrix} + \begin{pmatrix} \varepsilon_{cny,t} \\ \varepsilon_{cnh,t} \\ \varepsilon_{ndf,t} \end{pmatrix}$$

表 3　　各残差序列基于 GARCH 族模拟的拟合结果

	CNY	CNH	NDF
C	2.74E-05 (8.32E-06)	0.008372 (0.001232)	-4.04E-05 (7.36E-05)
ARCH (1)	2.127050 (0.178417)	0.109144 (0.122981)	-0.023243 (0.010400)
GARCH (1)	0.159219 (0.025944)	0.735679 (0.209336)	1.034915 (0.015804)
GARCH (2)		-0.315686 (0.155306)	
极大似然值	722.3015	215.5347	154.4392

注：GARCH 滞后阶数由 SC 最小准则确定，括号内为相应系数的标准差，表 3 计量软件为 Eviews 6.0。

子区间 3（2010 年 7 月 2 日—2011 年 6 月 27 日）：

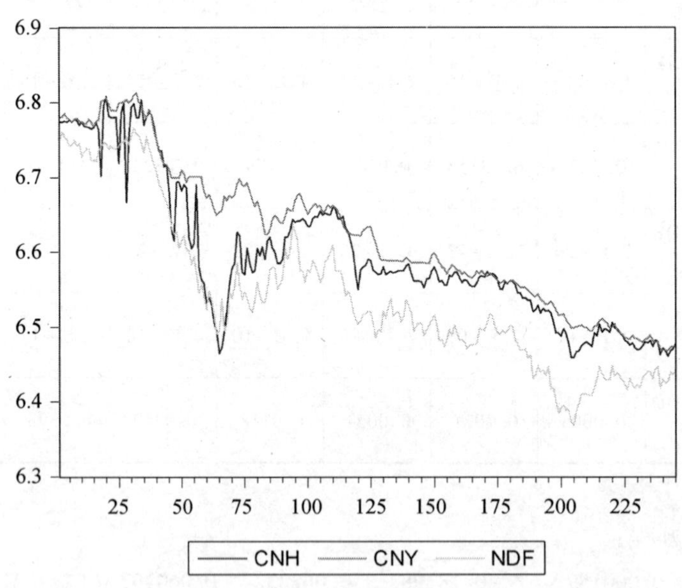

图 1　CNY、CNH、NDF 市场的名义汇率收盘价时序图

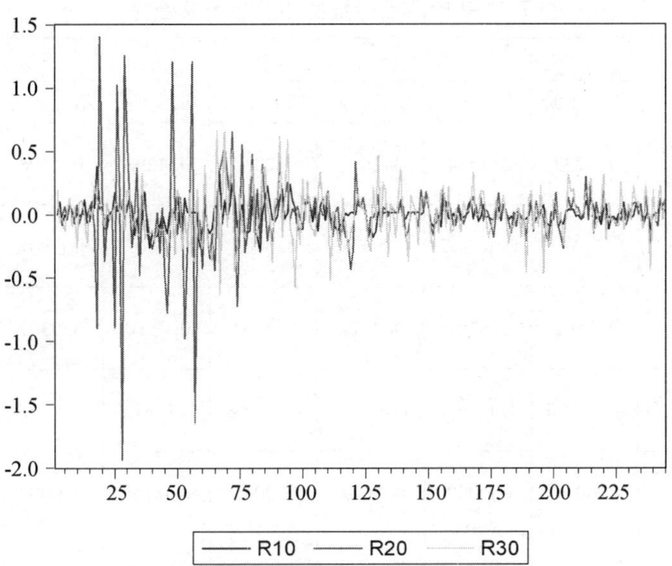

图 2　CNY、CNH、NDF 市场的名义汇率对数差分收益率时序图

表 1　**三个市场对数差分收益率序列统计性描述及 ADF 检验**

	RCNY	RCNH	RNDF
均值	−0.018349	−0.018937	−0.019038
中位数	−0.006646	−0.011315	−0.003710
标准差	0.319083	0.093002	0.208328
偏度	−0.616858	0.235736	0.128450
峰度	14.82038	4.584514	3.792303
JB 统计量	1435.976	27.78522	7.053029
P 值	0.000000	0.000001	0.029407
ADF − T 统计量	−12.07378	−15.76687	−16.69137
P 值	0.0000	0.0000	0.0000

表 2　　　　基于 1—7 阶滞后阶数的格兰杰因果检验

原假设	P 值						
	滞后 1 阶	滞后 2 阶	滞后 3 阶	滞后 4 阶	滞后 5 阶	滞后 6 阶	滞后 7 阶
RCNY 非 RCNH 格兰杰原因	0. 5733	0. 1544	0. 2663	0. 2833	0. 4293	0. 4408	0. 2678
RCNH 非 RCNY 格兰杰原因	5. E-05	5. E-05	4. E-05	0. 0001	0. 0003	8. E-05	0. 0002
RNDF 非 RCNH 格兰杰原因	0. 5502	0. 8787	0. 3371	0. 5764	0. 0510	0. 0301	0. 0456
RCNH 非 RNDF 格兰杰原因	3. E-10	4. E-09	1. E-08	1. E-08	1. E-07	2. E-07	4. E-07
RNDF 非 RCNY 格兰杰原因	0. 0071	0. 0009	0. 0023	0. 0052	0. 0066	0. 0003	0. 0024
RCNY 非 RNDF 格兰杰原因	0. 0782	0. 1353	0. 2311	0. 2908	0. 3190	0. 4191	0. 4946

VAR 方程：

$$\begin{pmatrix} r_{cny,t} \\ r_{cnh,t} \\ r_{ndf,t} \end{pmatrix} = \begin{pmatrix} 0.0000944 \\ 0.0000691 \\ -0.000840 \end{pmatrix} + \begin{pmatrix} 0.139472 & 0.004774 & 0.173789 \\ 0.402976 & -0.246902 & 0.359612 \\ -0.083648 & -0.022828 & -0.051705 \end{pmatrix} \begin{pmatrix} r_{cny,t-1} \\ r_{cnh,t-1} \\ r_{ndf,t-1} \end{pmatrix} + \begin{pmatrix} \varepsilon_{cny,t} \\ \varepsilon_{cnh,t} \\ \varepsilon_{ndf,t} \end{pmatrix}$$

表 3　　　　各残差序列基于 GARCH 族模拟的拟合结果

	CNY	CNH	NDF
C	0. 000168 (0. 000106)	0. 002292 (0. 000740)	0. 001199 (0. 000885)
ARCH (1)	0. 070584 (0. 034854)	0. 512476 (0. 076980)	-0. 107244 (0. 014027)
ARCH (2)			0. 210529 (0. 040066)
GARCH (1)	0. 904980 (0. 043126)	0. 610070 (0. 035885)	0. 872399 (0. 048211)
极大似然值	272. 5017	38. 02181	54. 19583

注：GARCH 滞后阶数由 SC 最小准则确定，括号内为相应系数的标准差，表 3 计量软件为 Eviews 6. 0。

子区间4（2011年6月28日—2012年12月24日）：

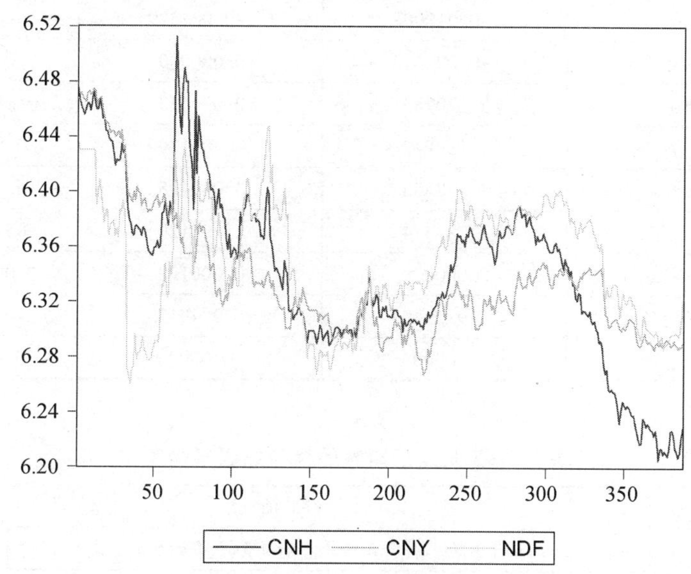

图1　CNY、CNH、NDF **市场的名义汇率收盘价时序图**

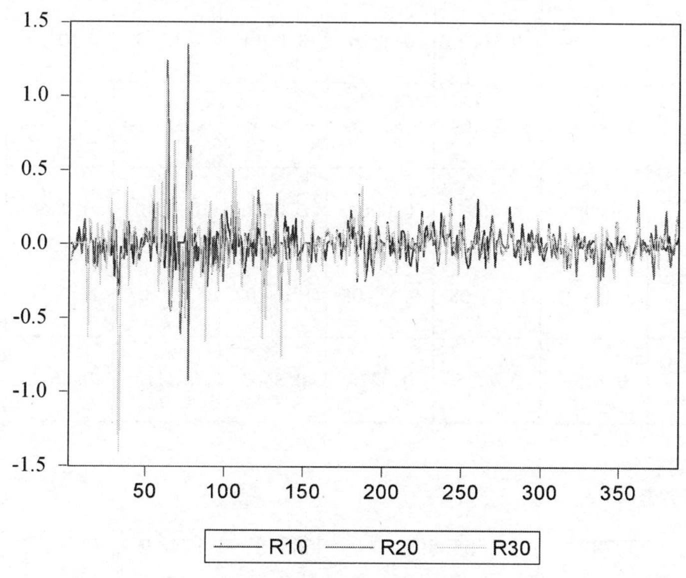

图2　CNY、CNH、NDF **市场的名义汇率对数差分收益率时序图**

表 1　　三个市场对数差分收益率序列统计性描述及 ADF 检验

	RCNY	RCNH	RNDF
均值	-0. 010008	-0. 007329	-0. 004625
中位数	-0. 020612	0. 000000	0. 000000
标准差	0. 170789	0. 091633	0. 186101
偏度	2. 139742	-0. 051399	-0. 830752
峰度	23. 58563	4. 049498	16. 65657
JB 统计量	7128. 574	17. 93120	3051. 858
P 值	0. 000000	0. 000128	0. 000000
ADF-T 统计量	-19. 29495	-22. 40173	-19. 05807
P 值	0. 0000	0. 0000	0. 0000

表 2　　基于 1—7 阶滞后阶数的格兰杰因果检验

原假设	P 值						
	滞后 1 阶	滞后 2 阶	滞后 3 阶	滞后 4 阶	滞后 5 阶	滞后 6 阶	滞后 7 阶
RCNY 非 RCNH 格兰杰原因	0. 7772	0. 8987	0. 3341	0. 0017	0. 0111	0. 0231	0. 0266
RCNH 非 RCNY 格兰杰原因	0. 0708	0. 1087	0. 1826	0. 0014	0. 0178	0. 0231	0. 0185
RNDF 非 RCNH 格兰杰原因	1. E-09	5. E-09	7. E-09	6. E-08	8. E-08	2. E-07	6. E-07
RCNH 非 RNDF 格兰杰原因	0. 0028	0. 0095	0. 0064	0. 0230	0. 0040	0. 0066	0. 0133
RNDF 非 RCNY 格兰杰原因	2. E-07	1. E-08	5. E-08	1. E-07	5. E-07	2. E-07	2. E-07
RCNY 非 RNDF 格兰杰原因	0. 8799	0. 9435	0. 3228	0. 3663	0. 4718	0. 5616	0. 4948

VAR 方程：

$$\begin{pmatrix} r_{cny,t} \\ r_{cnh,t} \\ r_{ndf,t} \end{pmatrix} = \begin{pmatrix} 0.0000789 \\ 0.000383 \\ 0.000317 \end{pmatrix} + \begin{pmatrix} -0.053891 & -0.068848 & 0.174846 \\ -0.060695 & -0.398449 & 0.378280 \\ 0.058242 & -0.227044 & 0.156669 \end{pmatrix} \begin{pmatrix} r_{cny,t-1} \\ r_{cnh,t-1} \\ r_{ndf,t-1} \end{pmatrix} + \begin{pmatrix} \varepsilon_{cny,t} \\ \varepsilon_{cnh,t} \\ \varepsilon_{ndf,t} \end{pmatrix}$$

表3　　各残差序列基于 GARCH 族模拟的拟合结果

	CNY	CNH	NDF
C	0. 000384 (0. 000193)	0. 001792 (0. 000531)	0. 003713 (0. 000455)
ARCH（1）	0. 080761 (0. 021255)	0. 274096 (0. 058219)	0. 377761 (0. 042348)
GARCH（1）	0. 871830 (0. 034928)	0. 689745 (0. 058354)	0. 600295 (0. 037949)
极大似然值	399. 4924	240. 6581	159. 4071

注：GARCH 滞后阶数由 SC 最小准则确定，括号内为相应系数的标准差，表3 计量软件为 Eviews 6. 0。

附录3　近期中国资本管制和开放措施变化的总结

（2006—2011）

年/月		具体措施的描述	为了促进资本的	
			流入	流出
2006 年	1 月	“走出去”政策进一步推广		P
	3 月	“QDII（合格境内机构投资者）”体系开始		P
	6 月	对于外币资金对直接投资的限制放宽		P
	9 月	限制外国人购买房地产	N	
	10 月	国内银行禁止在离岸 NDF 市场交易	X	X
2007 年	1 月	降低银行从国外借款的上限	N	
	5 月	对外国人购买房地产的限制加强	N	
	6 月	内地银行开始在香港发行人民币债券	P	
2008 年	7 月	引入匹配海关发票和资金交易的系统	N	
	8 月	允许内地银行国外放贷		P
2009 年	10 月	进口融资到期日上限从 120 天缩短至 90 天	N	
2009 年	7 月	人民币跨境贸易结算项目开始在香港、澳门和东盟试点	X	X
	10 月	在香港发行人民币中国政府债券	P	
2010 年	6 月	对人民币跨境结算试点项目的地理限制解除	X	X
	6 月	资本账户下一定的外汇业务审批程序简化	X	X

续表

年/月		具体措施的描述	为了促进资本的	
			流入	流出
	7月	对于在香港人民币跨境结算试点项目的限制进一步放松	X	X
	8月	外国央行和商业银行允许投资中国境内人民币债券	P	
	11月	对于资本流入的外汇管制加强	N	
2011年	1月	批准对外直接投资的人民币结算		P

缩写示意：

FDI：国外直接投资

FIE：国外投资企业

FOREX：外汇

N：消极影响

P：积极影响

QDII：合格境内投资者

QFII：合格境外投资者

RMB：人民币

X：中性影响

资料来源：转引自 Ichiro Otani Tomoyuki Fukumoto Yosuke Tsuyuguchi，2011 China's Capital Controls and Interest Rate Parity：Experience during 1999－2010 and Future Agenda for Reforms Bank of Japan Working Paper Series. No. 11－E8 August 2011。

附录4　中国（上海）自由贸易试验区总体方案（金融改革具体措施）

一　资本市场

1. 拟同意上海期货交易所在自贸区内筹建上海国际能源交易中心股份有限公司，具体承担推进国际原油期货平台筹建工作，全面引入境外投资者参与境内期货交易，扩大中国期货市场对外开放程度。

2. 支持自贸区内符合一定条件的单位和个人按照规定双向投资于境内外证券期货市场。

3. 区内企业的境外母公司可按规定在境内市场发行人民币债券。根据市场需要，探索在区内开展国际金融资产交易等。

4. 支持证券期货经营机构在区内注册成立专业子公司。

5. 支持区内证券期货经营机构开展面向境内客户的大宗商品和金融衍生品的柜台交易。

二　外汇市场

1. 深化外汇管理改革，促进贸易投资便利化

（1）简化经常项目收结汇，购付汇单证审核

（2）简化直接投资外汇登记手续：一是拓宽直接投资外汇登记业务办理渠道；二是实行外商投资企业外汇资本金意愿结汇。

（3）放宽对外债权债务管理：取消对外担保和向境外支付担保费行政审批，将区内企业境外外汇放款金额上限由其所有者权益的30%调整至50%，将境外直接投资债权纳入境外外汇放款登记管理；取消境外融资租赁债权审批。

（4）改进跨国公司总部外汇资金集中运营管理。外币资金池及国际贸易结算中心外汇管理试点政策，放宽试点企业条件，简化审批流程及账户管理。

2. 加强统计监测与分析预警，有效防范外汇收支风险

三　银行业

1. 创新有利于风险管理的账户体系。居民可通过设立本外币自由贸易账户实现分账核算管理，非居民可在试验区内银行开立本外币非居民自由贸易账户，居民自由贸易账户与境外账户、境内区外的非居民账户、非居民自由贸易账户以及其他居民自由贸易账户之间的资金可自由划转，同时可以办理跨境融资、担保等业务。

2. 探索投融资汇兑便利

（1）促进企业跨境直接投资便利化。试验区跨境直接投资，可按上海市有关规定与前置核准脱钩，直接向银行办理所涉及的跨境收付、兑换业务。

（2）便利个人跨境投资。在区内就业并符合条件的个人可按规定开展包括证券投资在内的各类境外投资。个人在区内获得的合法所得可在完税后向外支付。区内个体工商户可根据业务需要向其在境外经营主体提供跨境贷款。在区内就业并符合条件的境外个人可按规定在区内金融机构开立非居民个人境内投资专户，按规定开展包括证券投资在内的各类境内投资。

（3）稳步开放资本市场。区内金融机构和企业可按规定进入上海地区的证券和期货交易场所进行投资和交易。区内企业的境外母公司可按国家有关法规在境内资本市场发行人民币债券。根据市场需求，探索在区内开展国际金融资产交易等。

（4）促进对外融资便利化。根据经营需要，注册在试验区内的中外资企业、非银行金融机构以及其他经济组织（以下简称“区内机构”）可按规定从境外融入本外币资金，完善全口径外债的宏观审慎管理制度，采取有效措施切实防范外债风险。

（5）提供多样化风险对冲手段。区内机构可按规定基于真实的币种匹配及期限匹配管理需要在区内或境外开展风险对冲管理。

3. 扩大人民币跨境使用

（1）上海地区银行业金融机构凭区内机构（出口货物贸易人民币结算企业重点监管名单内的企业除外）和个人提交的收付款指令，直接办理经常项下、直接投资的跨境人民币结算业务，并为跨境电子商务（货物贸易或服务贸易）提供人民币结算服务。

（2）区内金融机构和企业可从境外借用人民币资金，借用的人民币资金不得用于投资有价证券、衍生产品，不得用于委托贷款。

（3）区内企业可根据自身经营需要，开展集团内双向人民币资金池业务，为其境内外关联企业提供经常项下集中收付业务。

4. 稳步推进利率市场化

完善区内居民自由贸易账户和非居民自由贸易账户本外币资金利率的市场化定价监测机制，将区内符合条件的金融机构纳入优先发行大额可转让存单的机构范围，在区内实现大额可转让存单发行的先行先试，条件成熟时，放开区内一般账户小额外币存款利率上限。

5. 深化外汇管理改革

（1）简化直接投资外汇登记手续，将直接投资项下外汇登记及变更登记下放银行办理，加强事后监管。

（2）支持试验区开展境内外租赁服务。取消金融类租赁公司境外租赁等境外债权业务的逐笔审批，实行登记管理。

（3）取消区内机构向境外支付担保费的核准，区内机构直接到银行办理担保费购付汇手续。

6. 对银行业的监管，详见中国银监会关于中国（上海）自由贸易试验区银行业监管有关问题的通知。

四　保险业

1. 支持在自贸区内试点设立外资专业健康保险机构

2. 支持保险公司在自贸区内设立分支机构，开展人民币跨境再保险业务

3. 支持自贸区保险机构开展境外投资试点，积极研究在自贸区试点扩大保险机构境外投资范围和比例

4. 支持上海开展航运保险

中国（上海）自由贸易试验区服务业扩大开放措施

一　金融服务领域

1. 银行服务（国民经济行业分类：J金融业——6620货币银行服务）

开放措施：（1）允许符合条件的外资金融机构设立外资银行，符合条件的民营资本与外资金融机构共同设立中外合资银行。在条件具备时，适时在试验区内试点设立有限牌照银行。

（2）在完善相关管理办法，加强有效监管的前提下，允许试验区内符合条件的中资银行开办离岸业务。

2. 专业健康医疗保险（国民经济行业分类：J金融业——6812健康和意外保险）

开放措施：试点设立外资专业健康医疗保险机构。

3. 融资租赁（国民经济行业分类：J金融行业——6631金融租赁服务）

开放措施：（1）融资租赁公司在试验区内设立的单机、单船子公司不设最低注册资本限制。（2）允许融资租赁公司兼营与主营业务有关的商业保理业务。

注：以上各项开放措施只适用于注册在中国（上海）自由贸易试验区内的企业。

资本市场支持促进中国（上海）自由贸易试验区若干政策措施

按照党中央、国务院关于建设中国（上海）自由贸易试验区（以下简称“自贸区”）的重要战略部署，证监会将深化资本市场改革，扩大对外开放，加大对自贸区建设的金融支持力度。具体措施包括：

一、拟同意上海期货交易所在自贸区内筹建上海国际能源交易中心股份有限公司，具体承担推进国际原油期货平台筹建工作。依托这一平台，全面引入境外投资者参与境内期货交易。以此为契机，扩大中国期货市场对外开放程度。

二、我会支持自贸区内符合一定条件的单位和个人按照规定双向投资于境内外证券期货市场。区内金融机构和企业可按照规定进入上海地区的证券和期货交易所进行投资和交易；在区内就业并符合条件的境外个人可按规定在区内证券期货经营机构开立非居民个人境内投资专户，开展境内证券期货投资；允许符合条件的区内金融机构和企业按照规定开展境外证券期货投资；在区内就业并符合条件的个人可按规定开展境外证券期货投资。

三、区内企业的境外母公司可按规定在境内市场发行人民币债券。根据市场需要，探索在区内开展国际金融资产交易等。

四、我会支持证券期货经营机构在区内注册成立专业子公司。目前，海通期货、宏源期货、广发期货、申万期货和华安基金等机构正在设立或准备设立风险管理子公司和资产管理子公司。

五、我会支持区内证券期货经营机构开展面向境内客户的大宗商品和金融衍生品的柜台交易。

下一步，我会将进一步研究细化相关政策措施，抓紧制定实施细则，加强对相关试点工作的监测和管理，及时总结试点经验，稳步推进资本市场改革开放，发挥资本市场服务经济转型的积极作用，更好地服务于上海自贸区国家战略。

中国人民银行关于金融支持中国（上海）自由贸易试验区建设的意见

为贯彻落实党中央、国务院关于建设中国（上海）自由贸易试验区（以下简称“试验区”）的重要战略部署，支持试验区建设，促进试验区实体经济发展，加大对跨境投资和贸易的金融支持，深化金融改革、扩大对外开放，现提出以下意见。

一　总体原则

（一）坚持金融服务实体经济，进一步促进贸易投资便利化，扩大金融对外开放，推动试验区在更高平台参与国际竞争。

（二）坚持改革创新、先行先试，着力推进人民币跨境使用、人民币资本项目可兑换、利率市场化和外汇管理等领域改革试点。

（三）坚持风险可控、稳步推进，“成熟一项、推动一项”，适时有序组织试点。

二　创新有利于风险管理的账户体系

（四）试验区内的居民可通过设立本外币自由贸易账户（以下简称“居民自由贸易账户”）实现分账核算管理，开展本意见第三部分的投融资创新业务；非居民可在试验区内银行开立本外币非居民自由贸易账户（以下简称“非居民自由贸易账户”），按准入前国民待遇原则享受相关金融服务。

（五）居民自由贸易账户与境外账户、境内区外的非居民账户、非居民自由贸易账户以及其他居民自由贸易账户之间的资金可自由划转。同一非金融机构主体的居民自由贸易账户与其他银行结算账户之间因经常项下业务、偿还贷款、实业投资以及其他符合规定的跨境交易需要可办理资金划转。居民自由贸易账户与境内区外的银行结算账户之间产生的资金流动视同跨境业务管理。

（六）居民自由贸易账户及非居民自由贸易账户可办理跨境融资、担保等业务。条件成熟时，账户内本外币资金可自由兑换。建立区内居民自由贸易账户和非居民自由贸易账户人民币汇兑的监测机制。

（七）上海地区金融机构可根据人民银行规定，通过设立试验区分账核算单元的方式，为符合条件的区内主体开立自由贸易账户，并提供相关金融服务。

三　探索投融资汇兑便利

（八）促进企业跨境直接投资便利化。试验区跨境直接投资，可按上海市有关规定与前置核准脱钩，直接向银行办理所涉及的跨境收付、兑换业务。

（九）便利个人跨境投资。在区内就业并符合条件的个人可按规定开展包括证券投资在内的各类境外投资。个人在区内获得的合法所得可在完税后向外支付。区内个体工商户可根据业务需要向其在境外经营主体提供跨境贷款。在区内就业并符合条件的境外个人可按规定在区内金融机构开立非居民个人境内投资专户，按规定开展包括证券投资在内的各类境内投资。

（十）稳步开放资本市场。区内金融机构和企业可按规定进入上海地区的证券和期货交易场所进行投资和交易。区内企业的境外母公司可按国家有关法规在境内资本市场发行人民币债券。根据市场需求，探索在区内开展国际金融资产交易等。

（十一）促进对外融资便利化。根据经营需要，注册在试验区内的中外资企业、非银行金融机构以及其他经济组织（以下简称"区内机构"）可按规定从境外融入本外币资金，完善全口径外债的宏观审慎管理制度，采取有效措施切实防范外债风险。

（十二）提供多样化风险对冲手段。区内机构可按规定基于真实的币种匹配及期限匹配管理需要在区内或境外开展风险对冲管理。允许符合条件的区内企业按规定开展境外证券投资和境外衍生品投资业务。试验区分账核算单元因向区内或境外机构提供本外币自由汇兑产生的敞口头寸，应在区内或境外市场上进行平盘对冲。试验区分账核算单元基于自身风险管理需要，可按规定参与国际金融市场衍生工具交易。经批准，试验区分账核算单元可在一定额度内进入境内银行间市场开展拆借或回购交易。

四　扩大人民币跨境使用

（十三）上海地区银行业金融机构可在"了解你的客户"、"了解你的业务"和"尽职审查"三原则基础上，凭区内机构（出口货物贸易人民币结算企业重点监管名单内的企业除外）和个人提交的收付款指令，直接办理经常项下、直接投资的跨境人民币结算业务。

（十四）上海地区银行业金融机构可与区内持有《支付业务许可证》且许可业务范围包括互联网支付的支付机构合作，按照支付机构有关管理政策，为跨境电子商务（货物贸易或服务贸易）提供人民币结算服务。

（十五）区内金融机构和企业可从境外借用人民币资金，借用的人民币资金不得用于投资有价证券、衍生产品，不得用于委托贷款。

（十六）区内企业可根据自身经营需要，开展集团内双向人民币资金池业务，为其境内外关联企业提供经常项下集中收付业务。

五　稳步推进利率市场化

（十七）根据相关基础条件的成熟程度，推进试验区利率市场化体系建设。

（十八）完善区内居民自由贸易账户和非居民自由贸易账户本外币资金利率的市场化定价监测机制。

（十九）将区内符合条件的金融机构纳入优先发行大额可转让存单的机构范围，在区内实现大额可转让存单发行的先行先试。

（二十）条件成熟时，放开区内一般账户小额外币存款利率上限。

六　深化外汇管理改革

（二十一）支持试验区发展总部经济和新型贸易。扩大跨国公司总部外汇资金集中运营管理试点企业范围，进一步简化外币资金池管理，深化国际贸易结算中心外汇管理试点，促进贸易投资便利化。

（二十二）简化直接投资外汇登记手续。将直接投资项下外汇登记及变更登记下放银行办理，加强事后监管。在保证交易真实性和数据采集完整的条件下，允许区内外商直接投资项下的外汇资金意愿结汇。

（二十三）支持试验区开展境内外租赁服务。取消金融类租赁公司境外租赁等境外债权业务的逐笔审批，实行登记管理。经批准，允许金融租赁公司及中资融资租赁公司境内融资租赁收取外币租金，简化飞机、船舶等大型融资租赁项目预付货款手续。

（二十四）取消区内机构向境外支付担保费的核准，区内机构直接到银行办理担保费购付汇手续。

（二十五）完善结售汇管理，支持银行开展面向境内客户的大宗商品衍生品的柜台交易。

七　监测与管理

（二十六）区内金融机构和特定非金融机构应按照法律法规要求切实履行反洗钱、反恐融资、反逃税等义务，及时、准确、完整地向人民银行和其他金融监管部门报送资产负债表及相关业务信息，并根据相关规定办理国际收支统计申报；配合金融监管部门密切关注跨境异常资金流动。

（二十七）上海市人民政府可通过建立试验区综合信息监管平台，对区内非金融机构进行监督管理。可按年度对区内非金融机构进行评估，并根据评估结果对区内非金融机构实施分类管理。

（二十八）试验区分账核算单元业务计入其法人行的资本充足率核算，流动性管理以自求平衡为原则，必要时可由其上级行提供。

（二十九）区内实施金融宏观审慎管理。人民银行可根据形势判断，加强对试验区短期投机性资本流动的监管，直至采取临时性管制措施。加强与其他金融监管部门的沟通协调，保证信息的及时充分共享。

（三十）人民银行将根据风险可控、稳步推进的原则，制定相应细则后组织实施，并做好与其他金融监管部门审慎管理要求的衔接。

中国银监会关于中国（上海）自由贸易试验区银行业监管有关问题的通知

（银监发［2013］40号）

各银监局，各政策性银行、国有商业银行、股份制商业银行、金融资产管理公司，邮政储蓄银行，银监会直接监管的信托公司、企业集团财务公司、金融租赁公司：

根据党中央、国务院关于建设中国（上海）自由贸易试验区的决定，经国务院同意，现就自贸区内银行业监管有关问题通知如下：

一、支持中资银行入区发展。允许全国性中资商业银行、政策性银行、上海本地银行在区内新设分行或专营机构。允许将区内现有银行网点升格为分行或支行。在区内增设或升格的银行分支机构不受年度新增网点计划限制。

二、支持区内设立非银行金融公司。支持区内符合条件的大型企业集团设立企业集团财务公司；支持符合条件的发起人在区内申设汽车金融公司、消费金融公司；支持上海辖内信托公司迁址区内发展；支持全国性金融资产管理公司在区内设立分公司；支持金融租赁公司在区内设立专业子公司。

三、支持外资银行入区经营。允许符合条件的外资银行在区内设立子行、分行、专营机构和中外合资银行。允许区内外资银行支行升格为分行。研究推进适当缩短区内外资银行代表处升格为分行，以及外资银行分行从事人民币业务的年限要求。

四、支持民间资本进入区内银行业。支持符合条件的民营资本在区内设立自担风险的民营银行、金融租赁公司和消费金融公司等金融机构。支持符合条件的民营资本参股与中、外资金融机构在区内设立中外合资银行。

五、鼓励开展跨境投融资服务。支持区内银行业金融机构发展跨境融资业务，包括但不限于大宗商品贸易融资、全供应链贸易融资、离岸船舶融资、现代服务业金融支持、外保内贷、商业票据等。支持区内银行业金融机构推进跨境投资金融服务，包括但不限于跨境并购贷款和项目贷款、内保外贷、跨境资产管理和财富管理业务、房地产信托投资基金等。

六、支持区内开展离岸业务。允许符合条件的中资银行在区内开展离岸银行业务。

七、简化准入方式。将区内银行分行级以下（不含分行）的机构、高管和部分业务准入事项由事前审批改为事后报告。设立区内银行业准入事项绿色快速通道，建立准入事项限时办理制度，提高准入效率。

八、完善监管服务体系。支持探索建立符合区内银行业实际的相对独立的银行业监管体制，贴近市场提供监管服务，有效防控风险。建立健全区内银行业特色监测报表体系，探索完善符合区内银行业风险特征的监控指标。优化调整存贷比、流动性等指标的计算口径和监管要求。

2013年9月28日

（此件发至外资法人银行业金融机构、外国银行分行、上海辖内银行业金融机构）

保监会支持中国（上海）自由贸易试验区建设

为充分发挥保险功能作用，支持中国（上海）自由贸易试验区（以下简称“自贸区”）建设，中国保监会对上海保监局提出的有关事项作出批复，主要内容包括：

一、支持在自贸区内试点设立外资专业健康保险机构。

二、支持保险公司在自贸区内设立分支机构，开展人民币跨境再保险业务，支持上海研究探索巨灾保险机制。

三、支持自贸区保险机构开展境外投资试点，积极研究在自贸区试点扩大保险机构境外投资范围和比例。

四、支持国际著名的专业性保险中介机构等服务机构以及从事再保险业务的社会组织和个人在自贸区依法开展相关业务，为保险业发展提供专业技术配套服务。

五、支持上海开展航运保险，培育航运保险营运机构和航运保险经纪人队伍，发展上海航运保险协会。

六、支持保险公司创新保险产品，不断拓展责任保险服务领域。

七、支持上海完善保险市场体系，推动航运保险定价中心、再保险中心和保险资金运用中心等功能型保险机构建设。

八、支持建立自贸区金融改革创新与上海国际金融中心建设的联动机制，不断强化和拓展我会与上海市政府合作备忘录工作机制。

中国（上海）自由贸易试验区商业保理业务管理暂行办法

中（沪）自贸管［2014］26号

第一章　总则

第一条　为鼓励和促进中国（上海）自由贸易试验区（以下称“自贸试验区”）商业保理业务的健康发展，扩大自贸试验区内信用服务业对外开放，防范信用风险，规范经营行为，根据《国务院关于印发中国（上海）自由贸易试验区总体方案的通知》（国发［2013］38号）、《商务部关于商业保理试点有关工作的通知》（商资函［2012］419号）、《商务部关于商业保理试点实施方案的复函》（商资函［2012］919号）、《商务部办公厅关于做好商业保理行业管理工作的通知》（商办秩函［2013］718号）、《中国（上海）自由贸易试验区管理办法》、《中国（上海）自由贸易试验区外商投资企业备案管理办法》、《中国（上海）自由贸易试验区外商投资准入特别管理措施（负面清单）（2013年）》和相关法律法规的规定，制定本办法。

第二条　本办法所称的商业保理业务是指供应商与保理商通过签订保理协议，供应商将现在或将来的应收账款转让给保理商，从而获取融资，或获得保理商提供的分户账管理、账款催收、坏账担保等服务。

商业保理业务是指非银行机构从事的保理业务。

第三条　本办法所称从事商业保理业务的企业，是指在自贸试验区内设立的内外资商业保理企业和兼营与主营业务有关的商业保理业务的内外资融资租赁公司。金融租赁公司从事商业保理业务按金融行业主管部门要求执行。

中国（上海）自由贸易试验区管理委员会（以下简称“自贸试验区管委会”）是自贸试验区商业保理行业主管部门。

第四条　商业保理企业应当符合下列条件：

（一）企业投资者应具有经营商业保理业务或相关行业的经历。

（二）企业的投资者应具备开展保理业务相应的资产规模和资金实力，有健全的公司治理结构和完善的风险内控制度，近期没有违规处罚记录。

（三）企业在申请设立时，应当拥有两名以上具有金融领域管理经验且无不良信用记录的高级管理人员。

（四）企业应当以公司形式设立。注册资本不低于5000万元人民币，且全部以货币形式出资。

（五）有完善的内部控制制度，包括但不限于风险评估、业务流程操作、监控等制度。

（六）兼营商业保理业务的融资租赁公司除满足上述条件外，还需符合融资租赁公司设立的规定。

第五条　从事商业保理业务的企业可以开展以下业务：

（一）进出口保理业务；

（二）国内及离岸保理业务；

（三）与商业保理相关的咨询服务；

（四）经许可的其他相关业务。

融资租赁公司可申请兼营与主营业务有关的商业保理业务，即与租赁物及租赁客户有关的上述业务。

第六条　从事商业保理业务的企业不得从事下列活动：

（一）吸收存款；

（二）发放贷款或受托发放贷款；

（三）专门从事或受托开展与商业保理无关的催收业务、讨债业务；

（四）受托投资；

（五）国家规定不得从事的其他活动。

第二章　设立与变更

第七条　从事商业保理业务的企业的设立或变更按以下程序办理：

（一）新设从事商业保理业务的内资保理公司、已设立的内资融资租赁公司申请兼营与主营业务有关的商业保理业务的，向自贸试验区工商分局提出申请，自贸试验区工商分局征询自贸试验区管委会意见后办理注册登记手续。

（二）新设从事商业保理业务的外资保理公司，先向自贸试验区管委会提出申请，在取得自贸试验区管委会出具的备案证明后，到自贸试验区工商分局办理注册登记手续。

（三）新设及已设外资融资租赁公司申请兼营与主营业务有关的商业保理业务的，向自贸试验区管委会提出申请，由自贸试验区管委会出具批准文件，企业凭批准文件及批准证书向工商部门办理注册登记手续。

第八条　设立从事商业保理业务的企业，除提交法定申请材料之外，还应提交以下材料：

（一）风险评估、监控等风险控制制度规定；

（二）经营商业保理业务或相关行业经历的证明材料；

（三）管理人员及风险控制部门人员资历证明；

（四）投资各方经会计师事务所审计的最近一年的审计报告。

第九条　除融资租赁公司兼营与主营业务有关的商业保理业务以外的商业保理公司应当在名称中加注“商业保理”字样。

第三章　资金管理

第十条　从事商业保理业务的企业可以通过银行和非银行金融机构和股东借款、发行债券、再保理等合法渠道融资，融资来源必须符合国家相关法律、法规的规定。

为防范风险，保障经营安全，从事商业保理业务企业应做好信用风险管理平台开发工作，企业风险资产一般不得超过净资产总额的10倍。风险资产按企业的总资产减去现金、银行存款、国债后的剩余资产总额确定。

第十一条　从事商业保理业务的企业须在中国人民银行征信中心应收账款质押登记公示系统进行网上注册，在经营过程中须将每笔受让的应收账款在该系统中登记，并取得初始登记凭证。如发生应收账款登记变更、注销情况后，商业保理企业应及时在该系统中登记，并取得变更、注销登记凭证。

第十二条　从事商业保理业务的企业应当委托自贸试验区内已加入国际性保理企业组织的银行作为存管银行，并在该银行开设商业保理运营资金的专用账户。从事商业保理业务的企业只能使用专用账户开展日常的商业保理业务。

专用账户内资金使用范围和要求待自贸试验区相关改革措施明确后再行调整或补充。

第十三条　从事商业保理业务的企业应当与存管银行签订资金管理协议，明确双方的权利、义务和责任。

从事商业保理业务的企业应当在协议签署后的5个工作日内向自贸试验区管委会报送协议副本、基本账户和专用账户的信息资料。

存管银行应将相关存管制度报送自贸试验区管委会，并按规定对从事商业保理业务企业的资金账户和账户内资金使用情况实施管理。

第十四条 存管银行应指定专人负责商业保理企业专用账户的资金管理与支付结算、审核资料等具体工作；建立商业保理企业融资、放款、还款等资金进出台账，并与商业保理企业定期核对。

存管银行可以向商业保理企业收取管理费用，收费标准由存管银行与商业保理企业自行约定，但不得违反国家相关规定。

第四章　经营监管与风险防范

第十五条　从事商业保理的企业必须按规定登录商务部商业保理业务信息系统进行信息填报，填报内容包括公司注册信息、高管人员资质、财务状况、业务开展情况、内部管理制度建设情况等。新注册企业应于成立后10个工作日内完成基本信息填报，之后应于每月、每季度结束后15个工作日内完成上一月度、季度业务信息填报。信息填报情况将作为商业保理公司合规考核的重要指标。

从事商业保理的企业需做好重大事项报告工作，于下述事项发生后5个工作日内，登录信息系统向行业主管部门报告，并配合行业主管部门实施监督检查：

（一）持股比例超过5%的主要股东变动；

（二）单笔金额超过净资产5%的重大关联交易；

（三）单笔金额超过净资产10%的重大债务；

（四）单笔金额超过净资产20%的或有负债；

（五）超过净资产10%的重大损失或赔偿责任；

（六）董事长、总经理等高管人员变动；

（七）减资、合并、分立、解散及申请破产；

（八）重大待决诉讼、仲裁。

第十六条　从事商业保理的企业应当建立有效的法人治理结构，健全内控机制，依法合规经营，有效防范风险，切实做到自主经营、自我约束、自负盈亏、自担风险。

第十七条　从事商业保理的企业受让的应收账款必须是在正常付款期内。原则上不能受让的应收账款包括：

（一）违反国家法律法规，无权经营而导致无效的应收账款；

（二）正在发生贸易纠纷的应收账款；

（三）约定销售不成即可退货而形成的应收账款；

（四）保证金类的应收账款；

（五）可能发生债务抵消的应收账款；

（六）已经转让或设定担保的应收账款；

（七）被第三方主张代位权的应收账款；

（八）法律法规规定或当事人约定不得转让的应收账款；

（九）被采取法律强制措施的应收账款；

（十）可能存在其他权利瑕疵的应收账款。

第十八条　从事商业保理的企业在经营中不符合规定的，应责令改正；情节严重，由相关部门依法进行处罚；构成犯罪的，依法追究刑事责任。

第十九条　自贸试验区管委会负责对区内从事商业保理业务企业的管理和监督，并对企业的制度建设、内控机制、合规经营、融资管理、账户设置等情况进行定期或不定期现场检查和非现场检查。

根据监管需要，自贸试验区管委会有权要求企业提供专项资料，或约见其董事、监事、高级管理人员进行监管谈话，要求其就有关情况、问题进行说明并作整改。

存管银行应监督企业资金运作，发现违反国家法律法规或存管协议的，不予执行并立即向自贸试验区管委会报告。

第五章　附则

第二十条　本办法实施过程中如遇国家和上海市颁布新规定，按新规定再行调整。

第二十一条　本办法自发布之日起实施，有效期2年。

中国（上海）自由贸易区管理办法（市政府令第7号）

第五章　金融创新与风险防范

第十九条（金融创新）

在自贸试验区开展金融领域制度创新、先行先试，建立自贸试验区金融改革创新与上海国际金融中心建设的联动机制。

第二十条（资本项目可兑换）

在自贸试验区实行资本项目可兑换，在风险可控的前提下，通过分账核算方式，创新业务和管理模式。

第二十一条（利率市场化）

在自贸试验区培育与实体经济发展相适应的金融机构自主定价机制，逐步推进利率市场化改革。

第二十二条（人民币跨境使用）

自贸试验区内机构跨境人民币结算业务与前置核准环节脱钩。自贸试验区内企业可以根据自身经营需要，开展跨境人民币创新业务，实现人民币跨境使用便利化。

第二十三条（外汇管理）

建立与自贸试验区发展需求相适应的外汇管理体制，推进贸易投资便利化。

第二十四条（金融主体发展）

根据自贸试验区需要，经国家金融管理部门批准，允许不同层级、不同功能、不同类型的金融机构进入自贸试验区，允许金融市场在自贸试验区内建立面向国际的交易平台，提供多层次、全方位的金融服务。

第二十五条（风险防范）

本市加强与国家金融管理部门的协调，配合国家金融管理部门在自贸试验区建立与金融业务发展相适应的监管和风险防范机制。

关于上海市支付机构开展跨境人民币支付业务的实施意见

为积极支持跨境电子商务发展，扩大人民币跨境使用，规范和促进上海市支付机构跨境人民币业务发展，根据《中国人民银行关于金融支持中国（上海）自由贸易试验区建设的意见》、《非金融机构支付服务管理办法》及其他相关规定，制定本实施意见。

一　总体原则

（一）支持中国（上海）自由贸易试验区（以下简称“试验区”）建设，进一步扩大对外开放，尽快形成可复制、可推广的经验。

（二）坚持金融服务实体经济，顺应国内外市场需求，着力推进人民币跨境使用。

（三）坚持风险可控，积极稳妥，稳步有序开展跨境人民币支付业务。

二　开办业务主体

上海市注册成立并有互联网支付业务许可的支付机构，包括在试验区内注册成立和试验区外、上海市内注册成立的支付机构，上海市以外地区注册成立并有互联网支付业务许可的支付机构在试验区内设立的分公司（以下简称“支付机构”）。

上海市以外地区注册成立的支付机构在试验区内设立分公司须按照《非金融机构支付服务管理办法》等制度规定向中国人民银行上海总部（上海分行）进行备案。

三　开办业务条件

（一）支付业务许可范围包括互联网支付；

（二）有健全的跨境人民币支付业务内部控制制度和风险管理措施；

（三）有支持跨境人民币支付业务的互联网支付业务技术等基础设施；

（四）有针对跨境人民币支付业务的反洗钱、反恐融资、反逃税等具体制度和措施；

（五）获得《支付业务许可证》以来，合规经营，风险控制能力较强，最近两年未发生严重违规情况；

（六）中国人民银行规定的其他条件。

四 备案材料

符合开办业务条件的支付机构须在开展跨境人民币支付业务之日起7天内向中国人民银行上海总部（上海分行）提交以下备案材料：

（一）备案报告；

（二）支付业务许可证（副本）复印件；

（三）跨境人民币支付业务处理流程；

（四）跨境人民币支付业务内部控制制度和风险管理措施，包括支付、技术、反洗钱等方面；

（五）与备付金银行的业务合作协议；

（六）材料真实性申明。

五 开办业务内容

支付机构可依托互联网，为境内外收付款人之间，基于非自由贸易账户的真实交易需要转移人民币资金提供支付服务。跨境人民币支付业务为双向支付，包括境内对境外的支付和境外对境内的支付，不得轧差支付。

支付机构不得为以下交易活动或业务主体提供跨境人民币支付服务：（一）没有真实交易背景的商品或服务；（二）不符合国家进出口管理规定的货物、服务贸易；（三）货物贸易项下不具备进出口经营资格的企业；（四）被人民银行等六部委列入出口货物贸易人民币结算重点监管名单的企业；（五）服务贸易项下交易标的不具有市场普遍认可对价的商品，以及其他定价机制不清晰、存在风险隐患的无形商品；（六）资本项目下的交易；（七）可能危害国家、社会安全，损害社会公共利益的项目或经营活动；（八）法律法规及人民银行、外汇管理局规章制度明确禁止行为及未予许可项目。

六 备付金管理

支付机构跨境人民币客户备付金管理须遵照《支付机构客户备付金

存管办法》及中国人民银行其他相关客户备付金监管要求执行。

支付机构应通过增设业务种类等方式，对境内和跨境人民币支付业务进行有效识别，并按中国人民银行上海总部（上海分行）有关要求报送信息。

七 风险管理

（一）支付机构向备付金银行申请办理跨境人民币资金收付前，须与备付金银行签订《关于办理跨境人民币支付业务合作协议》，内容包括但不限于以下方面：

1. 支付机构应在规定的客户备付金账户体系内独立开立跨境人民币专用账户，资金独立使用，不以各种形式占用、挪用客户资金。

2. 支付机构应建立健全和执行身份识别制度，不得办理无真实贸易背景的跨境人民币支付业务，并留存完整的交易真实性证明材料备查。

3. 支付机构应对大额、拆分等可疑交易建立监测模型，并将相关商户或客户列入重点关注名单进行核查。经核查属于异常交易的，支付机构应停止为其办理业务。

4. 支付机构应与备付金银行约定包含交易信息、物流信息、资金信息的交易明细清单内容，并及时提交给备付金银行。备付金银行应审核交易明细清单的合规性、完整性。

5. 备付金银行为支付机构办理完跨境人民币支付业务之后，应按照中国人民银行上海总部（上海分行）要求及时准确完整报入人民币跨境收付信息管理系统，并进行相应的国际收支统计申报。

6. 支付机构和备付金银行应明确差错和争议处理、纠纷和事故处置方法，明确客户权益保障措施、风险及责任承担，明确协议终止、违约责任等。

（二）支付机构须通过所掌握的交易信息、物流信息、资金信息等进行业务真实性核查，不得办理无真实贸易背景的跨境人民币支付业务。

（三）支付机构须根据交易的真实场景，正确选用交易类型，准确标识交易信息并完整发送，确保交易信息的完整性、真实性和可追溯性，同时保存完整的交易真实性证明材料备查。

（四）支付机构须建立健全和执行身份识别制度。支付机构发展特约商户要落实实名制和商户准入核查制度，检查特约商户提供的商品及服务内容、服务条款是否符合相关法律法规规定，调查了解商户经营背景、经营状况、资信等。支付机构要登记客户的姓名、性别、国籍、职业、住址、联系方式以及客户有效身份证件的种类、号码和有效期限等身份信息，并对客户姓名、性别、有效身份证件的种类和号码等基本身份信息的真实性进行审核。

（五）支付机构应严格执行中国人民银行有关跨境人民币支付业务限额管理的规定。

（六）对存在大额、可疑交易的商户或客户，支付机构应将其列入重点关注名单进行核查。经核查属于异常交易的，支付机构应停止为其办理业务。

（七）备付金银行为支付机构办理完跨境人民币支付业务之后，应按照中国人民银行上海总部（上海分行）要求将相关信息及时准确完整报入人民币跨境收付信息管理系统，并进行相应的国际收支统计申报。

（八）支付机构开展跨境人民币支付业务应符合国家有关法律规章制度。一经发现支付机构存在违反相关法律法规、规章制度的情形，中国人民银行上海总部（上海分行）将按有关规定追究责任。

附录5　自贸区金融改革的综合影响调查问卷

尊敬的女士/先生：

您好！我们是“北京市大学生科学研究与创业行动计划——中国（上海）自由贸易试验区金融改革的综合影响研究”调查组，为了解上海自贸区金融改革对于自贸区企业的影响，我们现对您进行问卷调查，请您根据贵企业的实际状况填写调查问卷。本问卷采用无记名方式，不会给您带来任何麻烦。感谢您的合作！

一、企业管理者的背景

1. 贵企业管理者的年龄（　　）

A. 30岁以下　　B. 30—40岁　　C. 41—50岁

D. 51—60岁　　E. 60岁以上

2. 贵企业管理者的性别（　　）

A. 男　　B. 女

3. 贵企业管理者教育背景（　　）

A. 高中以下　B. 高中　C. 大学本科　D. 硕士　E. 博士

二、企业基本概况

4. 贵企业的组织形式（　　）

A. 国有企业　　B. 集体企业　　C. 私营企业　　D. 股份制企业

E. 外商及港澳台商投资企业　　F. 其他

5. 贵企业的规模（　　）

A. 大型　B. 中型　C. 小型　D. 微型

6. 贵企业所属行业（　　）

A. 制造业　　B. 交通运输、仓储业和邮政业

C . IT 行业　　D. 住宿、餐饮业

E. 卫生、社会保障和社会服务业　　F. 金融、保险业

G. 房地产业　　H. 教育　　I. 文化、体育、服务业

J. 其他

7. 贵企业属于（　　）

A. 在自贸区注册的新企业

B. 以前在其他地方已经开办现在转移到自贸区或开设分部

（回答 A 做第 9—10 题，回答 B 做第 11—13 题）

8. 贵企业自设立以来企业规模为（　　）

A. 50 人以下　　B. 50—100 人　　C. 100—200 人

D. 200 人以上

9. 贵企业自设立以来营业收入为（　　）

A. 20 万以下　　B. 20—100 万　　C. 100—500 万

D. 500—1000 万　　E. 1000 万以上

10. 贵企业原来的企业规模（　　）

A. 50 人以下　　B. 50—100 人　　C. 100—200 人

D. 200 人以上

11. 贵企业原来的营业收入（　　）

A. 20 万以下　　B. 20—100 万　　C. 100—500 万

D. 500—1000 万　　E. 1000 万以上

12. 贵企业在自贸区设立后的营业收入（　　）

A. 20 万以下　　B. 20—100 万　　C. 100—500 万

D. 500—1000 万　　E. 1000 万以上

三、自贸区金融改革对企业的综合影响

13. 贵企业在自贸区注册企业是出于以下哪些方面的考虑（多选）（　　）

A. 注册企业时不需要验资　　B. 税收优惠

C. 货币流通自由　　D. 营业自由

E. 政策宽松　　F. 融资容易　　G. 其他

14. 贵企业对“在自贸区内人民币使用政策”的了解程度为（　　）

A. 完全不了解　B. 了解一点　C. 比较了解

D. 了解　E. 非常了解

15. 贵企业对“在自贸区内设立外资银行和中外合资银行政策”的了解程度为（　　）

A. 完全不了解　B. 了解一点　C. 比较了解

D. 了解　E. 非常了解

16. 贵企业对“在自贸区内利率市场化政策”的了解程度为（　　）

A. 完全不了解　B. 了解一点　C. 比较了解

D. 了解　E. 非常了解

17. 贵企业对“在自贸区内外汇管理政策”的了解程度为（　　）

A. 完全不了解　B. 了解一点　C. 比较了解

D. 了解　E. 非常了解

18. 目前贵企业在金融上面临的问题（多选）（　　）

A. 向银行贷款困难　B. 融资渠道单一和狭窄

C. 企业的高负债率　D. 融资政策和环境不健全　E. 其他

19. 贵企业目前在金融服务方面有哪些需求（多选）（　　）

A. 信用贷款　B. 抵押贷款　C. 票据融资

D. 股票市场融资　E. 债券市场融资

F. 民间借贷　G. 外商及港澳台商投资

H. 私人资本投入　I. 企业之间融资　J. 其他服务

20. 自贸区哪些金融服务对贵企业有帮助（多选）（　　）

A. 跨境结算服务　B. 跨境投融资服务

C. 跨境的贸易链金融服务　D. 跨境的资产管理

E. 跨境现金管理服务　F. 跨境期货服务

G. 其他

21. 与其他地方相比，贵企业认为自贸区提供的金融服务的质量如何（　　）

A. 非常差　B. 比较差　C. 一般

D. 比较好　　E. 非常好

22. 贵企业觉得自贸区的金融政策对企业经营起到的促进作用如何（　　）

A. 完全没有促进作用　　B. 几乎没有促进作用

C. 有一定的促进作用　　D. 有较强的促进作用

E. 有十分强的促进作用

23. 贵企业做贸易结算时的币种选择（　　）

A. 人民币　　B. 美元　　C. 其他货币

24. 贵企业用人民币结算，主要考虑的因素（多选）（　　）

A. 交易成本　　B. 汇率风险　　C. 手续简化程度

D. 货币被接受程度　　E. 国家相关政策

F. 其他因素

25. 贵企业用美元结算，主要考虑的因素（多选）（　　）

A. 交易成本　　B. 汇率风险　　C. 手续简化程度

D. 货币被接受程度　　E. 国家相关政策

F. 其他因素

此次调查结束，再次感谢您的配合！

中国（上海）自由贸易试验区金融改革的综合影响研究调查组

2014 年 9 月 18 日

参考文献

[1] 巴曙松、黄少明:《港元利率与美元利率为什么出现背离》,《财贸经济》2005 年第 8 期。

[2] 曹远征:《人民币国际化、上海自贸区与上海国际金融中心建设》,中国国际金融学会学术峰会暨 2013 年《国际金融研究》论坛（秋季）演讲，2013 年 11 月 1 日。

[3] 陈波帆:《香港离岸人民币市场与在岸人民币市场互动关系研究》,《新金融》2012 年第 2 期。

[4] 蔡思隽:《交易量日超 10 亿美元人民币 NDF：投机避险新天地》,《证券时报》2006 年 7 月 4 日。

[5] 代幼渝、杨莹:《人民币境外 NDF 汇率、境内远期汇率与即期汇率的关系的实证研究》,《国际金融研究》2007 年第 10 期。

[6] 黄学军、吴冲锋:《离岸人民币非交割远期与境内即期汇率价格的互动：改革前后》,《金融研究》2006 年第 11 期。

[7] 黄礼健、岳进:《上海自贸区金融改革与商业银行应对策略分析》,《新金融》2014 年第 3 期。

[8] 贺晓博、张笑梅:《境内外人民币外汇市场价格引导关系的实证研究——基于香港、境内和 NDF 市场的数据》,《国际金融研究》2012 年第 6 期。

[9] 何帆、张斌、张明、徐奇渊、郑联盛:《香港离岸人民币金融市场的现状、前景、问题与风险》,《国际经济评论》2011 年第 3 期。

[10] 李波、王佐罡、席钰:《跨境人民币业务与香港人民币市场》，2011 年 7 月（http://www.hkimr.org/cms/upload/publication_app/pub_full_0_1_285_HKIMR%20Occasional%20Paper%207.pdf）。

[11] 李前：《自贸区金融蓄势待发》（http：//www. tradetree. cn/content/3604/20. html）2014 年 6 月。
[12] 李晓、冯永琦：《香港离岸人民币利率的形成与市场化》，《社会科学战线》2012 年第 2 期。
[13] 李晓峰、陈华：《人民币即期汇率市场与境外衍生市场之间的信息流动关系研究》，《金融研究》2008 年第 4 期。
[14] 李言蹊：《自贸区金融改革的溢出效应》，《经济日报》2015 年 4 月 9 日第 12 版。
[15] 吕亮雯：《DCC-MVGARCH 模型计算方法研究及在金融市场中的应用》，暨南大学硕士学位论文，2006 年。
[16] 刘继广：《人民币离岸金融运行机理分析》，上海社会科学院博士学位论文，2005 年。
[17] 焦武：《上海自贸区金融创新与资本账户开放——兼论人民币国际化》，《上海金融学院学报》2013 年第 6 期。
[18] 马骏、徐剑刚等：《人民币走出国门之路——离岸市场发展与资本项目开放》，中国经济出版社 2012 年版。
[19] 人民银行党校 27 班上海调研组：《中国（上海）自由贸易区金融改革创新调查报告》（http：//www. financialnews. com. cn/zt/2014dxcg/201501/t20150109_ 68945. htm），2015 年 1 月 9 日。
[20] 宋敏、屈宏斌、孙增元：《走向全球第三大货币——人民币国际化问题研究》，北京大学出版社 2011 年版。
[21] 万荃：《世界多地“逐鹿”人民币离岸市场》，《金融时报》2013 年 4 月 27 日。
[22] 伍戈、裴诚：《境内外人民币汇率价格关系的定量研究》，《金融研究》2012 年第 9 期。
[23] 吴磊：《构建本外币跨境资金监管机制》（http：//www. chinarcyx. org. cn/NewsDetails/NewsDetails_ 47. html），2013 年 8 月 26 日。
[24] 徐剑刚、李治国、张晓蓉：《人民币 NDF 与即期汇率的动态关联性研究》，《财经研究》2007 年第 9 期。
[25] 徐奇渊、何帆：《人民币国际化对国内宏观经济的影响——基于人民币跨境结算渠道的分析》，《广东社会科学》2012 年第 4 期。
[26] 余永定：《再论人民币国际化》，《国际经济评论》2011 年第

5 期。

——《从当前的人民币汇率波动看人民币国际化》，《国际经济评论》2012 年第 1 期。

[27] 余伟文：《人民币国际化及香港的角色》，《中国金融》2012 年第 14 期。

[28] 张莫：《离岸基准价将助人民币衍生品发展——警惕人民币离岸与在岸价差催生热钱套利》，《经济参考报》2011 年 6 月 27 日第 4 版。

[29] 张明：《人民币国际化：基于在岸与离岸的两种视角》，《金融与经济》2011 年第 8 期。

——《人民币国际化与亚洲货币合作：殊途同归?》，《国际经济评论》2015 年第 2 期。

[30] 张明、何帆：《人民币国际化进程中在岸离岸套利现象研究》，《国际金融研究》2012 年第 10 期。

[31] 张成思：《金融计量学——时间序列分析视角》，中国人民大学出版社 2012 年版。

[32] 张伟、杨文硕：《上海自贸区金融开放的定位与路径分析——兼与香港自由港金融演进路径比较》，《商业研究》2014 年第 1 期。

[33] 张斌、徐奇渊：《汇率与资本项目管制下的人民币国际化》，《国际经济评论》2012 年第 4 期。

[34] 郑杨：《上海自贸区的金融改革》，《中国金融》2014 年第 5 期。

[35] 朱焱：《影响跨境贸易人民币结算的成因及对策》，《金融时报》2015 年 1 月 26 日（http://bank.hexun.com/2015—01—26/172741221.html）。

[36] 周小川：《人民币资本项目可兑换的前景和路径》，2014 年 5 月 9 日（http://news.10jqka.com.cn/20140509/c565339941.shtml）。

——《如何理解资本项目可兑换》，在三亚财经国际论坛（http://www.guancha.cn/ZhouXiaoChuan/2013_01_23_122650.shtml），2013 年 1 月 23 日。

——《上海有条件建成国际金融中心》，在 2013 年陆家嘴论坛上的讲话（http://news.china.com/news100/11038989/20130628/17917702.html）。

[37] 周宏达：《上海自贸区金融改革框架初现》，《中国金融家》2014

年第 8 期。

中国人民大学国际货币研究所：《人民币国际化报告 2012》，中国人民大学出版社 2012 年版。

[38] 中国人民银行调查统计司课题组：《我国利率市场化的历史、现状与政策思考》，《中国金融》2011 年第 15 期。

[39] Aart Kraay, "In Search of the Macroeconomic Effects of Capital Account Liberalization", The World Bank Group, October 1998, Unpublished.

[40] Baxter, M., and Crucini, M. J., "Explaining savings- investment correlations", American Economic Review, 1993, vol. 83, pp. 416 – 436.

[41] Bekaert, Geert, Campbell R. Harvey, and Christian Lundblad, "Growth Volatility andFinancial Liberalization" Journal of International Money and Finance, 2006, vol. 25, pp. 370 – 403.

[42] Bayoumi, T., "Saving - investment correlations: Immobile capital, government policy, or endogenousbehavior?" IMF Staff Papers, 1990, vol. 37, pp. 360 – 387.

[43] Chinn, M. D., Ito, H., "Capital account liberalization, institutions and financial development: cross country evidence", National Bureau of Economic Research Working Paper, 2002. Series No. 8967.

[44] Chinn, M. D., and Dooley, P. Asia-Pacific capital markets: Measurement of integration and the implicationsfor economic activity. NBER Working Paper, 5280, 1995. pp. 1 – 37.

[45] Chinn, M. D., and Frankel, F. A., "Financial links around the Pacific Rim: 1982 – 1992". In R. Glick, & M. Hutchison (Eds.), Exchange rate policy and interdependence perspectives from the Pacific Basin, 1994, Cambridge, New York, Melbourne: Cambridge University Press, pp. 17 – 47.

[46] Colavecchio, R. and Funke, M., "Volatility Transmissions between Renminbi and Asia-Pacific On-shore and Offshore U. S. Dollar Futures", China Economic Review, 2008, vol. 4, pp. 635 – 648.

[47] Daniel Hui, "The offshore renminbi A practical primer on the CNH mark", 1 December 2010, HSBC Global Research.

[48] Ding, David, Yiuman Tse, and Michael Williams. , "The Price Discovery Puzzle in Offshore Yuan Trading: Different Contributions for Different Contract", Journal of Futures Markets online published on 23 Jul. 2012, http: //onlinelibrary. wiley. com/doi/10. 1002/fut. 21575/full.

[49] Dickey, D. and Fuller, W. , "Distribution of the estimators for autoregressive time series with a unit root. " Journal of American Statistic Association, 1979, vol. 74, pp. 427 -431.

[50] Dooley, P. , Frankel, J. , and Mathieson, D. , "International capital mobility—what do saving- investmentcorrelations tell us?" IMF Staff Papers, 1987, vol. 34, pp. 503 -530.

[51] Edwards, S. , and Khan, M. S. , "Interest rate determination in developing countries: A conceptual framework. " IMF Staff Papers, 1985, vol. 32, pp. 377 -403.

[52] Engle, R. F. , "Dynamic conditional correlation: A simple class of multivariate generalized autoregressive conditional heteroscedasticity models", Journal of Business Economic Statistics, 2002, vol. 20, pp. 339 -350.

[53] Engle, R. F. and Sheppard, K. , "Theoretical and empirical properties of dynamic conditional correlation multivariate GARCH", National Bureau Economic Research, working paper, 2001, No 8554.

[54] Edison, Hali J. , M. W. Klein, L. Ricci, and T. Sløk, "Capital Account Liberalization and Economic Performance: A Review of the Literature," IMF Working Paper, May 2002.

[55] Enders, W. "Applied econometric time series", New York: John Wiley & Sons. 1995.

[56] Feldstein, Martin, and Charles Horioka, "Domestic Saving and International CapitalFlows. " Economic Journal, 1980, vol. 90, pp. 314 -29.

[57] Frankel, J. International capital mobility and crowding-out in the US economy: Imperfect integration offinancial markets or of good markets? In R. Hafer (Ed.), "How open is the US economy?", 1986, FederalReserve Bank of St. Louis. Lexington, Mass. , and Toronto: Health, Lexington Books, pp. 33 - 67.

[58] Frankel, J. , "Measuring international capital mobility: A review", American Economic Review, AEA Papersand Proceedings, 1992, vol. 82, pp. 197 – 202.

[59] Frankel, J. , "Historical Precedents for the Internationalization of the RMB", 2011, http: //www. cfr. org/china/historical-precedents-internationalization-rmb/p26293

[60] Ghosh, Saurabh, "Volatility Spillover in the Foreign Exchange Market: The Indian Experience", Kiel advanced studies Working Papers, 2012, No. 460, http: //hdl. handle. net/10419/62346.

[61] Haque, N. U. , and Montiel, P. , "Capital mobility in developing countries: Some empirical tests", IMF Working Paper, 1990, vol. 117, pp. 1 – 29.

[62] Iscan, T. B. , "Present value tests of the current account with durables consumption", Journal of InternationalMoney and Finance, 2002, vol. 21, pp. 385 – 412.

[63] Marston, R. C. , "International financial integration: A study of interest differentials between the majorindustrial countries. Japan-U. S. Center Sanwa Monographs on International Financial Markets", 1995, Cambridge, New York, Melbourne: Cambridge University Press.

[64] Menzie D. Chinn, Hiro Itoc. , "What matters for financial development? Capitalcontrols, institutions, and interactions", Journal of Development Economics, 2006, vol. 81, pp. 163 – 192.

[65] Montiel, P. Capital mobility in developing countries: Some measurement issues and empirical estimates. World Bank Debt and International Finance Policy Research, Working Paper, 1993, vol. 1103, pp. 1 – 33.

[66] Obstfeld, M. , "Capital mobility in the world economy: Theory and measurement", Carnegie-RochesterConference Series on Public Policy, 1986, vol. 24, pp. 55 – 103.

[67] Obstfeld, M. , "International capital mobility in the 1990s", In P. B. Kenen (Ed.), Understanding interde-pendence: The macroeconomics of the open economy (1995) . Princeton: Princeton University Press, pp. 201 – 261.

[68] Obstfeld, M. "Are Industrial-Country Consumption Risks Globally Diversified?" in Capital Mobility: The Impact on Consumption, Investment and Growth, editedby Leonardo Leiderman and Assaf Razin, 1994, Cambridge, England: CambridgeUniversity Press. pp. 1347.

[69] Obstfeld, M., and Rogoff, K., "Foundations of international macroeconomics", 1996, Cambridge, Mass., London: MIT Press.

[70] Obstfeld, M., and Taylor, A. "The great depression as a watershed: International capital mobility over thelong-run", In M. D. Bordo, C. Goldin, & E. N. White (Eds.), "The defining moment: The great depression andthe American economy in the twentieth century", NBER-Project Report series, 1998, Chicago andLondon: University of Chicago Press, pp. 353 – 402.

[71] Ogawa, K. "Cyclical variations in liquidity-constrained consumers: Evidence from macro data in Japan." Journal of Japanese and International Economies, 1990, vol. 4, pp. 173 – 193.

[72] Phillips, P., and Perron, P. (1988). Testing for a unit root in time series regression. Biometrica, 75, 335 – 346. Quinn, Dennis, 1997. "The Correlates of Change in International Financial Regulation," American Political Science Review, vol. 91 (3), pp. 531 – 551.

[73] Yin-Wong Cheungand XingWang Qian, "Deviations from Covered Interest Parity: The Case of China", May 2010, http://221.179.130.217:82/1Q2W3E4R5T6Y7U8I9O0P1Z2X3C4V5B/faculty.buffalostate.edu/qianx/index_ files/ChinaCID-Cheung&Qian.pdf.